カントにおける
〈法〉中心の
自由論

商業平和論／デモクラシー平和論へのアプローチ

桐原 隆弘

晃洋書房

〈凡例〉

・本文中の記号については以下の通り.
　() 本文および引用文原文の中の補足説明
　〈〉本文中強調語句
　「」引用文・語句
　〔〕原語・原文表記，引用文中の補足説明・言い換えなど追加説明
　[] 引用原文の欧語補足
　引用にあたり，原文の強調箇所はイタリック体で統一し，邦訳では傍点を付
　す.
・カントからの引用は，原則として，アカデミー版〔Akademie Ausgabe〕の巻
　数と頁数を「(巻数)：(頁数)」のように示す．ただし，『純粋理性批判』か
　らの引用は，初版 (A) または第二版 (B) からの引用頁数を，「A：(頁数)，B：
　(頁数)」のように示す.
・ベルント・ルートヴィヒ編のフェリックス・マイナー版『道徳の形而上学・
　法論』は，アカデミー版『法論』のうち私法論の不備を指摘しており，多く
　の箇所が準備草稿からの不用意な挿入だとして，該当箇所を削除して全体を
　再構成している．しかし本書では，準備草稿の重要性を指摘したいこと，な
　らびに準備草稿もまぎれもないカント自身の執筆によるものだということか
　ら，該当箇所についてフェリックス・マイナー版の削除箇所である旨を指摘
　したうえでアカデミー版『法論』のテキストを用いる.
・カント以外の文献からの引用箇所は，原則として「(著者)，(出版年)：(頁
　数)」のように示す.

カントにおける〈法〉中心の自由論

商業平和論／デモクラシー平和論への
アプローチ

目　　次

序　論　*1*

第1章　法秩序の歴史的生成　*29*

1-1　歴史進歩の法則性　*30*

1-2　人類？ 自然？——進歩の主体　*32*

1-3　〈人間の意図〉と〈自然の意図〉それぞれの領分　*34*

1-4　外的な完全性の「目的」としての内的な完全性　*35*

第2章　アメリカ政治哲学におけるカントの自由主義〈陣営〉イデオロギー化　*39*

2-1　カール・ヨアヒム・フリードリヒにおける
　　　カント哲学と国際連合憲章　*40*

2-2　マイケル・W・ドイルのデモクラシー平和論　*44*

2-3　敵対を鎮静化させる〈自然法則〉　*45*

2-4　自由主義〈体制〔regime〕〉の思想基盤としてのカント？　*48*

2-5　世界市民法における個人の権利と商業平和論　*51*

2-6　フェルナンド・テソンにおける個人の規範的地位と革命権論　*53*

2-7　〔補足〕便利なプラットフォームとしてのカント？　*58*

第3章　カントの商業平和論　*63*

3-1　利己心の相互抑制による平和構築・維持　*64*

3-2　カントの「法則〔Gesetz〕」概念　*65*

3-3　カントにおける普遍的な法と自由　*69*

3-4 カントにおける商業平和論と自然目的論　　*71*

第4章　商業平和論の系譜と批判　　*81*

4-1 商業平和論の系譜（その1；ヒュームとベンサム）　　*82*

4-2 フィヒテによる商業平和論批判　　*85*

4-3 ゲンツによる閉鎖商業国家論批判　　*88*

4-4 商業平和論の系譜（その2；アダム・スミス）　　*94*

4-5 フリードリヒ・リストの「政治経済学」　　*97*

4-6 商業平和論の系譜（その3；スペンサー）　　*99*

4-7 シェーラーによる商業平和論批判　　*102*

第5章　カント私法秩序論の経済秩序論への読み替え　　*107*

5-1 感性的・物理的占有と可想的・法的占有　　*109*

5-2 「物自体」としての占有対象　　*112*

5-3 「間接的」関係としての可想的占有　　*114*

5-4 「共同性」を前提とする可想的占有　　*116*

5-5 「外的表徴〔äußeres Zeichen〕」としての経験的占有の対象　　*118*

5-6 「物件の人格化」　　*119*

結論と展望　　*129*

あとがき　　*139*

参考文献　　*142*

人名索引　　*145*

事項索引　　*147*

序　論

1

　政治哲学の中心トピックの一つに自由主義〔liberalism〕がある．ジョン・ロールズの「政治的リベラリズム〔political liberalism〕」やユルゲン・ハーバーマスの討議倫理は，自由主義のなかでも手続的正義の立場として広く知られている．ロールズは，『正義論』（1971年）以来，ジョン・ロック以来の個人の自由（思想信条，政治活動，経済活動）を平等な自由として強調しており，のちに『政治的リベラリズム』（1993年）においてはこの立場を「包括的教義〔comprehensive doctrine〕」として相対化したうえで，「重なり合う合意〔overlapping consensus〕」による，包括的教義間の合意形成に重点を置く議論へ移行している．一方，ユルゲン・ハーバーマスは，彼自身ルソー以来の共和制的自由（共同体の民主的統治）に傾斜しながら，ロールズにおける古典的リベラリズムへの傾斜を批判しつつ，合意形成としての手続的正義を強化した議論を展開している（桐原, 2013）．

　他方，自由主義には政治イデオロギーとしての側面がある．ロールズの言う「包括的教義」としてのリベラリズムが，ほぼこのイデオロギーとしての自由主義に該当する．そこでは，リベラルデモクラシーと権威主義それぞれの〈体制〉間または〈陣営〉間の対立という構図が語られやすい傾向にある．冷戦終結をリベラルデモクラシーの最終勝利として説明したフランシス・フクヤマの歴史終焉論もその一例である (Fukuyama, 1992: 3 et.al.).

　ロック，ルソー，ミルなどと並んで，カントの，自律の概念を中心とし，「市民的自由〔bürgerliche Freiheit〕」を含む自由についての幅広い考察もまた，自由主義をめぐる議論においてたびたび話題に上る．ロールズやハーバーマスの手続的主義の思想的基盤がカントの政治哲学にあることは言うまでもないが，これとは別の〈陣営〉イデオロギーとしての自由主義とカントの法・政治哲学との関連性[1]については，これまで十分に批判的に検討されてこなかったのではないか．

　カントの自由をめぐる議論は，政治哲学に限定して見ても多面的であり，他の古典的思想家にくらべて可能な解釈の幅が広い．実際，個人主義的自由主義，

〈陣営〉イデオロギーとしての自由主義，手続主義的自由主義，さらには，（特に彼の1790年代の法・政治哲学文献において顕著に見られるように）内政干渉の厳禁をはじめとして国家主権を疑い得ないものと見なし，抵抗権も認めないことから，（国際関係論における，リベラリズムの対立概念としての）国家主義〔statism〕に通じる要素さえ，カントには見出される．

　そこで本小著では，自由主義をめぐる議論を念頭に，カントの市民的自由の若干の側面を，その概念が本格的に登場した1784年の論文「世界市民的意図における普遍史の構想」（以下，「普遍史の構想」と略記する）から，1793年の論文「理論においては正当だが実践においては役に立たないという俗言について」（以下，「理論と実践」と略記する）をへて，1795年の著作『永遠平和論』に至る歴史哲学・法政治哲学における思想展開，およびこれらと関連しながらも相対的にそこから独立して，当該問題に批判哲学の超越論的方法によってアプローチした1797年の著作『道徳の形而上学・法論』（以下，『法論』と略記する）における法秩序論に着目しながら検討してみたい．その際，自由主義イデオロギーとは一線を画する〈法〔Recht/Gesetz〕中心の自由論〉が，カント市民的自由論の全貌を明らかにするための一つの代表的側面ではないかとの仮説を立ててこれを検証する．

　本小著の主眼は，しかしながら，試論の域を出ない．というのは，上述のカントの歴史哲学，法・政治哲学の主著を中心に扱いながらも，これらを思想史および解釈史を十分にふまえなおかつ体系的見地から論じるのではなく，カントの扱ったテーマとしてはやや周辺的な事項をクローズアップするからである．それは，本書のサブタイトルに掲げた「商業平和論〔commercial peace theory〕[2]」である．

2

　このテーマを大きく取り上げる背景の一つは，『永遠平和論』における奇妙に具体的で詳細な，論述全体からすればやや突飛とも見える，中国と日本の鎖

国政策へのカントの言及である．カントは同書の第三確定条項において，国内法（国家と諸個人との関係）および国際法（国家間関係）のいずれにも十分には収まりきらない，本国から遠く離れた冒険商人と，西洋諸国が達成しつつあった水準から見れば，多くの点で未発達であった共同体との遭遇といったケースを念頭に (Niesen, 2007: 94)，世界市民法（諸個人と別の国家との〔国家間関係を介しない〕関係 ; 8: 349）を固有の法領域として提起した．

　今から見れば未熟な造船技術と未確立の航海術，十分とは言えない食糧・資材を携えて，ようやく確立されつつあった天文学の知識だけを確かな頼りに，ひたすら目的地との交易ルート確立を目指した西洋の冒険商人が，未知・未開の文明と遭遇するというような，当時の西洋の人びとの耳目を集めた状況を想像してみるとよい．本国の国内法からも隣国との国際法からも統制を受けず（あるいはそれらのいずれからも〈解放〉され），事実上，ほぼ無法状態にも近い状況下を想定しつつ，カントは，地球の表面が球面であって無限に広がる平面であるのではない (6: 352, 8: 358) という，これまた突飛な（しかし自然地理学者にして人間学者〔人類学者〕であったカントにとっては必然的な）視点から，有限な地表面での人類の共存の必要性を説き，その論脈から，本国から遠く離れた地に赴く個人らと未知・未開の共同体との間にあってしかるべき法的関係を推察する．当時までにスペイン，ポルトガル，オランダ，イギリス等，歴代の覇権国による南米からアフリカ，アジア太平洋地域にかけての植民地建設の際に頻発した現地住民との敵対〔Hostilität〕および相手方に対する強権的な制圧・支配という状況を念頭に，カントがたどり着いたのは，この状況に対抗しこれを根本的に克服するための，きわめて限定的な「権利」であった．それが，訪問権〔Besuchsrecht〕，すなわち相手方と平和な社交を申し出る〔sich zur Gesellschaft anzubieten〕権利であり，またその際にどこででも友好〔Hospitalität〕をもって迎え入れられる権利，である．

　「商業を営む諸国〔handelstreibende Staaten〕」の示す「非友好的振る舞い〔das inhospitable Betragen〕」，「訪問〔Besuch〕」を「制圧〔Erobern〕」と同一視する彼らの態度に苦言を呈したのち，カントはこれまた唐突に，「中国と日本は〔China und Japan (Nippon)〕」と，両国の鎖国政策に言及する．両国がとった鎖国政策は，当初は布教と，のちには政治的支配と交易ルート開拓とを一

体のものとして，未知・未開の地を制圧・支配してきた，商業民族の好戦的態度への対抗措置という意味をもつ．両国の鎖国政策についてカントは「賢明〔weislich〕」だったとの評を与えている．日本に関して言えば，オランダとの長崎貿易が言及されており，「牢獄のような状態に置いて自国民との交渉〔Gemeinschaft mit den Eingebornen〕を断ち切った」旨が記載される．

この，おそらくはケンペルの『日本誌』の記載を念頭に置いたと思われる当時の日本の状況は，フィヒテも『閉鎖商業国家』を執筆する際に参照した形跡がある(3)．フィヒテは外国貿易の戦争抑止効果を一切認めないどころか，むしろそれに国際関係と国内情勢の攪乱要因を見た．彼は，カントが肯定的に言及した中国と日本の鎖国政策を一般化して，貿易による国内経済の攪乱を阻止するための，国内の安定的な経済秩序を構想する．これと比べるならカントは，西欧列強の「非友好的」で強圧的な軍事的・経済的支配への「賢明な」対抗措置として中国と日本の鎖国政策を引き合いに出してはいるものの，フィヒテのようにこれを一般化することはなく，国内法および国際法の制約を免れたなかでの諸個人と未知・未開の地との関係を規制する法規範として，訪問権と友好権とを「世界市民法」として提起したのである．

カントのこの構想は，フィヒテの閉鎖商業国家構想とは対照的に，商業による平和促進の可能性をまずは認めている．実際，後述するように，平和の「保証〔Garantie〕」手段の一つとされた「商業精神〔Handelsgeist〕」は，国内法論において扱われた，共和制下にあってなんらかの方法により，戦争への賛否を表明することを許される国家公民が，財産と人命とをみずから犠牲に供しなければならないために戦争を忌避する傾向があるとの指摘 (8: 351) と並んで，「商業平和論」の重要な構成要素となる．

カントの見解をそのように理解する際，西欧列強の膨張主義に対する中国と日本の反応は，例外ケースにとどまると考えるべきではない．これは，商業平和論を部分的に受け入れたうえで，植民地主義を排するために，通商の申し出を拒む権利に余地を与えたものとして，カントの政治的賢慮を示す見解ともいえるが，その背景にある哲学的見解にこそむしろ注目すべきである．それは，カントの徹底した相互性〔Reziprozität〕および全面性〔Allseitigkeit〕の重視，である．

そもそも訪問権と友好権それ自体が，当事者どうしの相互関係において成り立つ．訪問者が訪問する権利，および訪問者が友好をもって迎え入れられる権利，という訪問者サイドの状況だけでなく，訪問を受ける側にしても，キリスト教や先進的な手工業製品など新たに持ち込まれる文物に関心を示すという能動性が認められるし，友好的態度を示すのも単なる受身形ではなく能動的・積極的なかかわりを要する．このように考えるなら，訪問権，友好権とは，訪問する側の能動性と，迎え入れる側の受動性だけでなく，双方に認められる利害関心の相互性と，そのバランス関係を全体として俯瞰する全面性とを内に含んでいる．このことは，無主物の一方的な（許容法則に基づく）先占が，のちの他者・隣人による承認という相互性の次元と，配分的正義を確立した法的状態という全面性の次元とを潜在的に含んでいるという，カントにおける所有権の構想 (6: 256, 257, 263, 264, 307) と同一の構造をもつ[4]．

20世紀になってマックス・シェーラーは，カントにおいて唯物論と快楽主義への中途半端な受け入れ姿勢が見られると非難した．後述するが，一見したところ，同じことがカントにおける商業精神への態度にも見られる．商業民族とか商業精神という語をカントが用いる場合，これはたいてい，勃興期のイギリス資本主義を念頭に置いている．それ自身としては無力な理性の命令としての永遠平和を，理性とは別のルートから，すなわち当時，封建的束縛から解放され，強力に国際社会の前面に押し出されつつあった諸個人の欲求の次元から「保証」するという構想が，カントの念頭にあった．純粋な理性，あるいは自律の立場からすれば，これは欲求への，傾向性への，そして他律への妥協であろう．

だがその構想の背景に，相互性と全面性とを中心に据える法的体制の構想があったことを忘れてはならない．これを忘れたとき，カントはイギリス思想に中途半端に妥協したというシェーラー流の評価が生じる．しかしカントが念頭に置いていたのは，欲求をもち，幸福を追求する当事者の一方が，他方の当事者を一方的に制圧する状況が多発する状況の下，法の下での自由の共存を確保する法的体制を構築することであった．このような観点からは，カントによる中国・日本の鎖国主義という〈反動〉は当時の状況からすれば理の当然であって例外事象ではない．

3

　イギリスにおいては，国家間の交易・商業の発展と国際平和との密接なつながりについて，ヒューム，ベンサム，スミス，スペンサーへと受け継がれる思想の系譜がある．カントは，自身の市民的自由論の重要な一側面としてこの問題に触れている．これが本書のいうところの「商業平和論〔commercial peace theory〕」である．

　この系譜は，ドイツにおいては，フィヒテ，リスト，シェーラーへと受け継がれる自由貿易論批判・商業平和論批判の，到底一枚岩とは言えない〈系譜〉を副産物として生じさせた（4章）．一方，現在のデモクラシー平和論の代表者にして，先述の〈陣営〉イデオロギーとしてのリベラリズムからのカント解釈の代表格であるマイケル・W・ドイルは，目立たないながらも商業平和論とデモクラシー平和論とのつながりを示唆している．

　商業平和論からデモクラシー平和論へと緩やかに受け継がれる自由主義〈陣営〉イデオロギーの最大の敵手は，歴史的経緯からすれば，19世紀から20世紀初頭にかけてのドイツにおける反リベラリズムの思想ということになる．しかしながら，本論であらためて確認していきたいが，イギリス側の思想系譜がまさしく商業平和論として概括するにふさわしいだけの内容上の統一性が，結果的にではあるが，見出されるのに対し，ドイツ側の思想はいわば〈てんでばらばら〉の状況である．

　一見，保護主義・国家主義・保守主義として共通しているようにも見えるフィヒテとリストも，正反対と言える思想をそれぞれ内包しているし（たとえばヒューム哲学とスミス経済学との間には，哲学的考察と社会科学的考察とのあいだの連続性・親和性が見られるのに対し，リストは実学を重視する観点からフィヒテを代表者の一人とする観念論哲学を蔑視していた），またカントとシェーラーに至っては（シェーラーの言う如く）「倫理学における形式主義」対「実質的価値倫理学」の対立軸のように，むしろ論敵同士の関係にある．事実（この点こそがまさにシェーラーのカント批判の一つの要素をなすのだが），カントは英国流の商業平和論を批判的にではあれ摂取受容しており，交易・貿

易を通じて利害を共有することが平和の確立・維持につながるという見通しの妥当性を認めていた．ちなみにこの論点をカント以上に強調しつつ実際上も〈親英的〉な立場に立って，フィヒテの「閉鎖商業国家論」に真っ向から反対の意を唱えたのが，学生時代にケーニヒスベルクでカントの講義を聞き，カントの知的サークルにも顔を出していた，プロイセンの官僚・外交官フリードリヒ・ゲンツである．彼はその親英的立場を一つの要因として，バーゼル条約によって対仏融和に傾斜したプロイセンにおいて居場所を失い，19世紀に入って早々にオーストリアに移住して，メッテルニヒの秘書としてウィーン体制構築のために尽力することになる．

　こうした経緯から，反・商業平和論という文脈でドイツ側の思想を概括することは事実上不可能である．[5] しかもカントの場合は今述べたように，（元弟子のゲンツに比べればはるかに〈ドイツ・プロイセン側〉に位置づけるべきだとしても）商業平和論を積極的に自身の歴史哲学・政治哲学に取り入れようと試みてさえいる．このことは，カントを自由主義〈陣営〉のイデオロギーと同一視することを容易にしている．ただし，実際にはカントは，（フィヒテ，リスト，シェーラーのように）主として政治的理由からではなく，厳密に規範的な観点から，この商業平和論に慎重な，または警戒的な姿勢を示してもいる．この点こそが，本小著で重点的に検討したい論点である．

　本書で自由主義〈陣営〉イデオロギーとしてのカント解釈の系譜に位置づけるのは，マイケル・W・ドイルおよびフェルナンド・テソンである（2章）．いずれもアメリカ合衆国において，カント哲学研究の本流ではなく政治学，国際法に属する系譜となる．彼らの議論に〈陣営〉イデオロギーがあるという見立てには，米国の政治哲学におけるカントとの接点に固有の背景がある．彼らのカント解釈は，ドイツ出身でハイデルベルクの新カント派（西南ドイツ学派）で研鑽を積み，すでに1920年代からハーバード大学で教鞭をとるなかで，戦後米国における政治哲学研究へのカント哲学の導入に大きく寄与したカール・ヨアヒム・フリードリヒの業績に依拠するところが大きい．そのフリードリヒが明確な〈国連中心主義者〉であったこととの対比として，本書は，ドイルやテソンのカント解釈に〈陣営〉イデオロギーの要素を読み取ろうとするものである．

自由主義〈陣営〉の連帯の輪を広げていくことによる平和構築・維持という構想をとるか，それとも（国際連合の基本理念としての）体制の相違を超えた，個人の権利の尊重を基盤とする国際協調という構想をとるか．この二者択一は，カント政治哲学解釈にも影響を及ぼしている[6]．この点を踏まえるなら，〈法〉中心の自由論としてカントの歴史哲学・政治哲学を再構成し，なおかつこれを自由主義〈陣営〉イデオロギーの文脈でのカント解釈に対置することのアクチュアリティが，多少なりとも浮かび上がるのではないだろうか．

　なお，カントの〈規範的〉観点を明らかにするために，本書では批判哲学からの歴史・政治・法へのアプローチについてもある程度踏み込んだ論究を行う（1章，3章，5章）．法／権利ないしは法則〔Recht, Gesetz〕が，歴史哲学，政治哲学，法哲学においてどのような体系的位置を有するかを明らかにして初めて，カントの独自の理論的立場が明らかになるであろう．

4

　〈法〉中心の自由論とは何か．本書ではこの問題に関して，カントの「法」ないしは「自由」をめぐる考察を，おそらく通常想定されるのとはやや異なる視角から検討する．この視角は「商業平和論」および「デモクラシー平和論」それぞれの視点と関連をもち，とりわけカントの「市民的自由〔bürgerliche Freiheit〕」の位置づけを中心論点とする．しかしまずは，通常想定されるカントの「法」（ないしは「法則」）論および「自由」論を，序論の枠を逸脱するかもしれないが，必要と思われる範囲で概観しておこう．

　カントの自由の概念は本来，超越論的自由と実践的自由（意志の自由と行為の自由）を中心に扱うべきであり，おおむね，意志の自由が理性の自律および格率の普遍化として明確化されることで道徳的自由概念となり，行為の自由が法的規制の対象としての自由概念に該当する．本書でも特に5章において『道徳の形而上学・法論』における〈人格の物件および他の人格からの独立性〉という側面から，〈帰責可能性〉として規定されているとの見解に立ってこの超

越論的自由の問題に触れる．だがこの問題は主題的に扱うのではなく，法・政治哲学における〈法の下での自由の共存〉の具体的側面としての，幸福追求権（思想信条の自由と経済活動の自由）を中心内容とする市民的自由が，本研究の主眼となる．

　その際に念頭に置いている〈法〉の概念は，一般的に理解されている〈法〉よりも広い内容を含む．それは，〈生の存立構造〉としての〈法〉の理解であり，それ自身詳細に論じなければならない[(7)]．

超越論的自由

　『純粋理性批判』の超越論的弁証論の章のうち，とりわけ第三アンチノミーを扱った箇所においてカントは，自然現象の因果性を考究する観点からは自由の因果性（原因をもたない端的な開始）すなわち超越論的自由は，無法則性〔Gesetzlosigkeit〕を意味する以上，まったくの空想〔ein leeres Gedankending〕であるのに対し (A: 447, B: 475)，自然現象の原因系列の完全性〔Vollständigkeit der Reihe [...] der [...]Ursachen〕を要求する立場からは，現象系列の端的な開始，「絶対的な自発性〔eine absolute Spontaneität〕」を想定しないわけにはいかない (A: 446, B: 474)，という形でアンチノミーを構成している．これは自由と自然必然性がそれぞれ，対象の把握の仕方の相違に対応するもので，そもそも同一の次元での矛盾を意味するものではないということを示している．

意志の自由

　『道徳の形而上学の基礎づけ』（1785年，以下『基礎づけ』と略記する）においては意志の自由が以下のように規定される．「理性的であるかぎりにおいての生命ある存在者の因果性〔Causalität lebender Wesen, so fern sie vernünftig sind〕」としての意志〔Wille〕の自由は，消極的な意味においては，自己自身以外の原因からの独立性（「自身とは異なる因果性の規定原因とは独立に作用を及ぼしうる因果性の特性〔diejenige Eigenschaft dieser Causalität [...], da sie unabhängig von fremden sie bestimmenden Ursachen wirkend sein kann〕」）であり，「自身とは異なる原因の影響によって行為へと規定される，あらゆる理性を欠いた存在者の因果性〔Causalität aller vernunftlosen Wesen, durch den

Einfluß fremder Ursachen zur Thätigkeit bestimmt zu werden〕」としての自然必然性〔Naturnothwendigkeit〕または他律〔Heteronomie〕から区別される (4: 446).

一方，積極的な意味での意志の自由こそが自律〔Autonomie〕であり，「〔意志〕自身が法則となるという，意志の性質〔die Eigenschaft des Willens, sich selbst ein Gesetz zu sein〕」である (4: 447). 意志それ自身があらゆる行為において法則となるという命題が意味するのは，「自己自身を普遍的な法則として対象化して有することのできる格率のみに従って行動するという原理〔das Princip, nach keiner anderen Maxime zu handeln, als die sich selbst auch als ein allgemeines Gesetz zum Gegenstande haben kann〕」(4: 447) である．ここから「自由な意志と道徳法則のもとにおける意志とは同一である〔ein freier Wille und ein Wille unter sittlichen Gesetzen [sind] einerlei〕」と述べられる．自己立法としての自律が，積極的な意志の自由の規定内容であり，ここにおいて，〈自由と法則との合致〉の理念が提起されている．

行為の自由

行為の自由は意志の自由とは区別されなければならないが，上述の自己立法としての自由と同様の自由概念が，行為の自由の核心をなす法的・政治的自由にも見られる．これは法・政治哲学の論考において少しずつ表現を変えて，自由と同等性が併置されて論じられた際の自由概念であり，外的強制の否定の面（消極的自由）だけでなく，自己立法の面（積極的自由）をも含んでいる．

「理論と実践」(1793 年) においては，幸福を道徳，国内法，国際法の原理とするのではなく，これらの原理を法のもとでの正義として規定することが主眼とされていた．ここでは，「外的法〔ein äußeres Recht〕」の概念は「人間の外的相互関係における自由〔Freiheit im äußeren Verhältnisse der Menschen zu einander〕」の概念に由来するとされ，この法の概念は「万人が自然的な仕方で有する諸目的（幸福を得ようとする意図〔Absicht auf Glückseligkeit〕）とはかかわりがない」とされている (8: 289). この「外的相互関係における自由」は，意志の内的な自由とは異なり，意志の在りよう（他律，他律からの独立性，自己立法・自律）を問わず，意志の外的表れとしての行為の自由（行為への不当な制約の否定ならびに法の下での人びとの自由の共存；「法とは，各人の自由

を万人の自由と共存するための条件のもとへと，その共存が普遍的法則に従って可能である限りにおいて，制約することである〔Recht ist die Einschränkung der Freiheit eines jeden auf die Bedingung ihrer Zusammenstimmung mit der Freiheit von jedermann, in so fern diese nach einem allgemeinen Gesetze möglich ist〕(8: 290)）と一致する．

　だがこの行為の自由にも，法の原理としては自己立法の要素が求められる．それは，今引用した箇所の「普遍的法則〔allgemeines Gesetz〕」が共同の自己立法の成果である限りにおいてである．そこでカントは次のように述べる．「公民的政体〔die bürgerliche Verfassung〕は自由な人びとの関係性であり，そこでは人びとは（他の人びととの結合における全体における自由にもかかわらず）強制法則〔Zwangsgesetz〕のもとにある」(8: 290)．この〈法の下の強制を伴う自由〉の根拠は，「ア・プリオリに立法を行う純粋な理性〔die reine, a priori gesetzgebende Vernunft〕」がそうする意志をもち，それが経験的目的としての幸福を度外視することにあるという (8: 290)．

　こうした前提に立って，「公民的状態〔der bürgerliche Zustand〕」が，①社会〔Societät〕の各成員の人間としての自由，②社会の各成員の臣民〔Unterthan〕としての，他のすべての成員との同等性，③共同体〔gemeines Wesen〕の各成員の市民・公民〔Bürger〕としての自立，の三項目として定式化される (8: 290)．

　ここで自由と同等性は別々の事柄を意味しており，『永遠平和論』および『法論』における自由・同等性の扱いとは異なる．すなわち，①の人間としての自由は幸福追求権であり，他者による自己に対する幸福追求の方法の押しつけすなわちパターナリズム（「父権的統治〔väterliche Regierung〕」(8: 291) として現れる）の否定である（ここから，「理論と実践」が幸福そのもの，宗教的，経済社会的，政治的，等々の特定の幸福の〈内容〉ではなく，幸福〈追求〉の〈権利〉を各人に対して確保することを法の原理としていたことがわかる）．これに対し②の臣民としての同等性は，法の下の平等を中心内容とするが，これはカントの表現では共同体の各成員が他の全成員に対して同等の強制法則〔Zwangsgesetze〕をもつこと，となる (8: 291)．この同等性には，世襲特権の否定と機会均等とが含まれる〔それが『永遠平和論』『法論』にも受け継

がれる〕が (8: 292)，この同等性からは国家元首〔Staatsoberhaupt〕は除外される (8: 291)．この不均等性は異なる形で③の市民・公民としての自立にも受け継がれ，財産保有者にして自身の知識や技芸によって自活できることが立法への賛同権をもつための条件とされる (8: 295)（したがって，「市民〔Stadtbürger; bourgeois〕」であることと「国家公民〔Staatsbürger; citoyen〕」とは相反するのではなく，いわば前者が後者のための必要条件とされている）．

　『永遠平和論』(1795 年) においては，第一確定条項の冒頭，「理論と実践」と類似した形で公民的政体〔die bürgerliche Verfassung〕の要件として，①社会〔Gesellschaft〕成員の人間としての自由，②臣民としての共同の立法〔gemeinsame Gesetzgebung〕への依存性，③国家公民としての同等性，が挙げられている (8: 349f.)．だが同じ箇所の注を参照すると，ここでの自由と同等性との併置は「理論と実践」とは意味内容が異なるということがわかる．ここでは，両者は同一の事態の別の表現とすら見えるまでに密接に関連した形でとらえられている．すなわち，「外的（法的）自由とは，私が自身の賛同を与えることの可能な外的法則以外には従わない権能〔die Befugniß, keinen äußeren Gesetzen zu gehorchen, als zu denen ich meine Beistimmung habe geben können〕である」(8: 350)．一方，国家における外的（法的）同等性は，強制権限の相互性・均等性として規定されている (8: 350)．これは，〈法の下の自由〉が，〈自由の共存〉のための強制への主体的同意と強制の相互性・均等性とを要件としているということを意味する．

　『道徳の形而上学・法論』においては，以上 2 つの併置パターンの総合型が見られる．そこでは国家公民の本質的属性として，①みずから同意を与えうる法則にのみ従うこと（『永遠平和論』と同趣旨の自由概念）としての法則的自由〔gesetzliche Freiheit〕，②上位者〔Oberer〕といえどもたんに一方的に下位者を拘束するだけでなく，下位者もまた上位者を法的に拘束する道徳的権能を有する〔rechtlich zu verbinden das moralische Vermögen haben〕という意味での公民的同等性〔bürgerliche Gleichheit〕（主権者を端的に臣民としての同等性から除外する「理論と実践」の見解の修正，および『平和論』における平等な拘束性の徹底），③他者の意志に依存することなく生計を立てることができるという意味での公民的自立〔bürgerliche Selbstständigkeit〕（「理論と実践」の「自立」

14

概念の復活）を挙げている (6: 314).

　ここでの法・政治的自由概念としての「(外的) 行為の自由」は，おおむね，自己法則性〔Eigengesetzlichkeit〕と客観的法〔Recht〕との合致として規定することができよう．

帰責能力としての自由

　『純粋理性批判』のうち，「超越論的弁証論」後半部の「世界の性状をその原因から導出するコスモロジー的理念の解決」と題された節に付与されている，「自然必然性の普遍的法則と統合される形での，自由による因果性の可能性」(A: 538- 541, B: 566-569) および「普遍的自然法則と結びつく形での自由のコスモロジー的理念の解明」(A: 542-558, B: 570-586) において，カントは，第三のアンチノミーの解決であることをおそらく意図して，帰責可能性としての自由に触れている．

　この議論の前提としてカントは，人間の (超越論的な意味での) 二重性格に触れている．一方において，感性界〔Sinnenwelt〕の現象の一つにして，経験的法則のもとに因果性が服している自然原因の一つでもある人間は，他の自然事物と同様に「経験的性格〔empirischer Charakter〕」を有している (A: 546, B: 574) (ここで言う「性格」というのは，個々人の性向や心理的特性ではなく，原因を原因たらしめるのに不可欠の，「作用原因の因果性の法則」である (A: 539, B: 567))．なおかつ他方で，「人間は通常であれば，自然全体をもっぱら感官によって知るのだが，その人間だけが，〔感官＝内感によってだけでなく〕純然たる統覚〔bloße Apperception〕によって，しかも感官の印象に数え入れるわけにはいかないもろもろの所作〔Handlungen〕や内的諸規定〔innere Bestimmungen〕において，自己自身を認識する」(A: 546, B: 574)．したがって人間は一方において感性の受容性の対象である「現象〔Phänomen〕」であるが他方において「可想的対象〔ein intelligibler Gegenstand〕」であり，これは悟性と理性の能動性の対象となる (A: 546f., B: 574f.).

　この統覚による自己認識は，『純粋理性批判』の超越論的弁証論においてアンチノミーに関する章に先立つ，誤謬推理論に関する章でも重要な位置を占める[8]．さらには，『道徳の形而上学の基礎づけ』においては，以下のように自己

認識の統覚または理性に深く根差す機能が明示されている.

　人間が内的知覚〔innere Empfindung〕によって自己自身についてもつ知見によっては，人間がそれ自身何であるか〔was er [der Mensch] an sich selbst sei〕ということについてみずから認識すると僭称することは許されない．〔…〕当然にも人間は，自己自身についても内感によって，したがってもっぱら人間の自然本性の現象を通じて，そして意識が〔内感によって〕触発される仕方によって，知見を得るのである．だがその一方で人間は，自己自身の主体に関する，単なる現象を集めただけの性状を越えて，〔その現象の〕根本のところにある〔現象とは〕異なる何ものかを，すなわち，人間の自我がそれ自身としてもつ性状〔sein Ich, so wie es an sich selbst beschaffen sein mag〕を，必然的な仕方で想定しうる (4: 451).

　人間は自己自身のなかに，他のすべての事物から，否それどころか，対象によって触発された限りでの自己自身からさえも自己を区別することを可能にする能力を見出す．それがまさに理性であり，純粋自己活動性〔reine Selbstthätigkeit〕としてはこれは〔…感性的表象を規則に服属させることに自己活動性を限定されている〕悟性をも凌駕する．理性が理念の名のもとにおいて示す純粋自己活動性は，感性が提供しうるもののすべてを凌駕し，感性界と悟性界を区別しなおかつ悟性そのものに限界を示すことに最も高い任務を見出す (4: 452).

　この感性的触発（それは外的触発と内的触発の両方を含む）を相対化する自己認識の能力は，帰責可能性としての自由と密接な関連を持つ．『純粋理性批判』では，先述のアンチノミーの解決に向けての議論の中で，先述の二重性格をふまえて，次のように帰責可能性の問題が言及される．これは上記の理性による自己認識をふまえた議論となっていることに留意したい.

　選択意志に基づく行為，たとえば社会に混乱を巻き起こす悪意ある虚言について考えてみよう．人はまず，この行為を生じさせた動因〔Bewegursachen〕を探り，その帰結とともに彼〔虚言の主体〕にいかにこの行為の責を帰する〔zurechnen〕ことができるかを判定する．前者〔行為の原因の探求〕の意図のも

と，人は彼の経験的性格をその根源にまでさかのぼり，それを劣悪な教育，悪い友好関係，恥に鈍感な生来の悪辣さや，あるいは軽率さと無思慮に求め，〔行為をもたらした〕機会原因をくまなく調べつくす．これはちょうど，与えられた自然の結果に対する規定原因の系列を調査するのと同様の手順である．このようにして行為が〔因果的に〕決定されていると人は信じることになるが，それにもかかわらず，人は行為者を非難する．しかもその非難の理由は，この人物の不幸な天分だとか彼に影響を与えたさまざまな状況のためでも，ましてや彼のそれまでの生活の変遷のためでもない．むしろこの人物が置かれた現実の状況やそこに至るまでの条件の連鎖は，まったく生じなかったと考えてよい．そしてこの所為〔Tat〕は，先行状態をまったく考慮に入れず無条件に生じたのであり，まるで行為者が結果の連鎖をまったくみずから開始したかのように考えてよいのである．この非難は理性の法則〔Gesetz der Vernunft〕に基づいており，そこでは人は理性を原因とみなし，上記のような経験的諸条件を度外視して，理性が人間の振る舞いを，〔実際に起こったのとは〕異なる仕方で規定しえたのであり，また規定すべきであった〔anders habe bestimmen können und sollen〕，と考えている．〔…〕行為は可想的性格に帰せられ，行為者は虚言を行ったその瞬間に，完全に責任を負う．したがって，所為の経験的諸条件にもかかわらず，理性はまったく自由であり，この所為は理性の不作為〔Unterlassung〕にこそ帰せられるのである (A: 554f., B: 583f.).

　経験的性格と可想的性格との相違が道徳的帰責にいかに関連付けられるかという点に関し，これほど明確な説明は数少ない．『実践理性批判』の「悔恨〔Reue〕」への言及においては，この可想的性格に基づく帰責が外部からの「非難〔Tadeln〕」ではなく，内面的な良心の呵責として触れられるが，これも基本的に第一批判の叙述から派生したものだと考えてよいだろう．

　このように，非難と悔恨という，人間の自身の行為への理性に基づく評価ないしは感情は，道徳的人格を物件から区別する最も重要なメルクマールとなる．カントは『道徳の形而上学の基礎づけ』と『道徳の形而上学』のいずれにおいても人格と物件との区別の根拠を帰責可能性に求めている．自己目的性と尊厳とを定式化した『基礎づけ』の方がより詳細な人格規定を含んでいるが，本質的な論点は同様である．

市民的自由

　最後に本書で中心的に論じる「市民的自由〔bürgerliche Freiheit〕」であるが，これはカントの著作のなかでも用例が少なく，明示的な形では，わずかに「普遍史の構想」（1784年）[11]および「啓蒙とは何か，という問いに対する回答」[12]（1784年，以下「啓蒙とは何か」と略記する），において見られるのみである．しかしながら，このわずかな用例においてカントは，政治的・経済的領域における具体的な権利項目を提示しており，政治理論の歴史におけるカント自身の立場を明示している．おおまかに言えば，思想信条の自由と経済活動の自由がその主内容であり，幸福追求権として概括できる．

　先述のように，特に「理論と実践」において顕著であるように，幸福追求権（の法による保証）と幸福（そのものの実現）との区別が，カントの法・政治的自由の概念の核心的内容である．カントの法・政治哲学においては法のもとでの自由・権利の共存が中心理念をなしており，この点はこの分野の彼の主要著作において一貫している．

　その一方で，歴史哲学論文において萌芽的に述べられ，『永遠平和論』において一定の体系的位置を与えられたのが，各人の欲求を否定しない，むしろそれを積極的に含み入れる形をとる市民的自由である．「自然の意図」という，自然目的論に由来する概念がこの市民的自由に体系的重要性を与えている．その際，道徳的義務に直結しない自然的欲求を広く認めることで，まずは法秩序が，続いて道徳的秩序が，生成するという発生論的見通しが描き出されることになる．本書で中心的に論じたいのはこの論点であり，またこの市民的自由をめぐる歴史哲学的・発生論的論証と，法の下での自由の共存という理念をめぐる体系的・形而上学的論証との間の交錯である．

5

　本研究に関連するテーマをめぐる先行研究のなかでの本研究の位置づけについて一言しておきたい．

歴史のなかでの，とりわけ商業平和論からデモクラシー平和論へと受け継がれる自由主義（リベラリズム）の歴史において，カントはいかなる位置を占めるのか．これが本書の中心的な関心事である．これはカントにおける理性に基づく普遍妥当な実践の理論を歴史において相対化することを意図していない．ヒュームは国家の起源を契約ではなく，権力奪取や暴力的支配に見たが，このような見解に典型的に表れているのは，歴史によって理念を相対化する思想である．この思想にカント哲学は一貫して対抗する．この視角から，現代の自由主義の潮流（そのなかでも特に，本書が〈陣営〉イデオロギーとしての自由主義と呼ぶものにおける，カント哲学の取り込み・利用）に対する批判が，カントの哲学そのものから導き出されうる，という展望を示したいと考える．

　したがって，さしあたりカントを取り巻く思想史の研究と，カント法・政治哲学の研究という，二つの異なる研究分野を，本書はともに視野に入れている．もとより両領域（歴史研究と理論研究）を体系的に統合する力量は私になく，ただ，さらなる研究のためのいくつかの視角を提起することができるにすぎない．

　そのことを念頭に，本書で扱ういくつかの視角ごとに，若干の先行研究について触れておきたい．

政治思想史

　本書（特に2章）において取り上げる，アメリカ政治哲学におけるカントの受容および解釈が，本書の出発点となる問題意識のきっかけとなる先行研究として最も重要である．これに加えて，内容と方法論の観点のいずれからも重要な先行研究として，商業と平和との関係を説いたイシュトファン・ホント (Istvan Hont) および彼の研究グループの政治思想史研究がある．ホントは，著作『貿易の敵愾心〔*Jealousy of Trade*〕』の序論において，フリードリヒ・リストの自由貿易批判（もしくは自由貿易の可能条件の解明）に言及し，この議論をヒュームおよびスミスの商業平和論構想と対比している (Hont, 2005: 148-156).

　国家よりも市場を優先し，政治を個人行動の集積と見なす啓蒙の政治経済学はリストにとって「世界政治〔世界市民〕経済学〔kosmopolitische

Oekonomie〕」であり，真の「政治経済学〔politische Oekonomie〕」は人類の次元と個人の次元との間に国家を置いており，その意味でこれは「国民経済学〔Nationaloekonomie〕」と同義である．そしてこのように現実の国家の存在を重視する立場から，諸国家間の経済的・軍事的勢力均衡のもとではじめて自由貿易が公正かつ有益となるとする (Hont, 2005: 152). ホントはリストの主張を，「貿易の敵愾心」の将来の道筋を考慮に入れ，これに対処することなくしては，政治経済学が現実性をもつことはない (単なる理想論にとどまる)，という主張として理解する (Hont, 2005: 154).

　ホントはそもそもヒュームとスミスも，リストと同様に政治と経済の緊張関係は当面続くと考えていたとし，そのうえで現代の国際情勢に目を向けて，「冷戦の終結は，諸国家間の固定された境界と，18世紀以来ずっと近代の世界秩序を動揺させてきた，グローバル経済の永遠に拡大するフロンティアとの不一致の終結を意味するものではない」(Hont, 2005: 155) と主張する．EU において経済統合に政治統合が追いつかないのは，結局のところ，貿易の敵愾心に象徴される国家の主権行使に終止符を打つことができないことの証左であり，これは19世紀におけるリストの洞察を裏づけるものとなっている．

　本書では，ホントがとりあげた市場経済万能論を伴う自由主義への批判的洞察を，カント，フィヒテ，ゲンツ，リスト，シェーラー，という，分野または思想傾向をそれぞれ異にするドイツの思想家がそれぞれの観点から展開していることを指摘する．

　アイザック・ナヒモフスキー (Isaac Nakhimovsky) は2011年の著作 *The Closed Commercial State: Perpetual Peace and Commercial Society from Rousseau to Fichte* において，フィヒテの『閉鎖商業国家論』を大きく取り上げている．反自由主義，反自由貿易論を主眼とするこの書を主たる研究テーマとすること自体が例外的だと思われるが，それはともかく，ここで興味深いのは同書においてナヒモフスキーが，カント，およびカントの元弟子のゲンツを大きく取り上げていることである．カント永遠平和論の延長としてフィヒテ閉鎖商業国家論を理解すること，および，19世紀のイギリス自由主義を実効性ある政治理論としては失敗に終わったと断じて「国民の自足性 (National Self-Sufficiency)」をあらためて説いたケインズの先駆理論として，フィヒテの経済的自立論を理解することも，

同書に特徴的な点である．永遠平和の課題を経済的敵対関係と関連づけ，「商業精神」が「貿易の敵愾心」に容易に変質しうること，そして権力政治と国際貿易の破壊的な結びつきを無力化しない限り，永遠平和は訪れないということを見抜いたフィヒテの慧眼を，同書は高く評価する (Nakhimovsky, 2011).

商業平和論と反植民地主義

カントと植民地主義との関連についてはカトリン・フリクシュー (Katrin Flikschuh) とレア・イピ (Lea Ypi) 編による *Kant and Colonialism* が問題を詳細に扱っている (Flikschuh/Ypi, 2015). カントの思想展開における植民地主義の扱いの変遷を詳細に分析するフリクシューによる重要な論文，"Kant's Second Thoughts on Colonialism" も収録されているが，ここでは扱わない．ここでは，イピの "Commerce and Colonialism in Kant's Philosophy of History" についてのみ，若干触れておきたい．

イピは同論文の末尾においてナヒモフスキーの上掲書に注で触れつつ，カントからフィヒテへの移行，つまり商業平和論の受容からその否定への道のりに言及している．商業の社交性〔commercial sociability〕は自然の意図によって人間の道徳性を促進したり，国際紛争を政治秩序に転換したりするための装置のように働くという，1780 年代におけるカント歴史哲学の想定は，1790 年代の彼による目的論と国家論の分析の進展とともに後退し，カントがおおいに尊敬していたスコットランド啓蒙の思想（自然的進歩史観および自由市場経済論）からホッブズ，ルソー流の人工的社会秩序の理論へとカントの立脚点は転換していったのだという．このことと植民地主義の批判は軌を一にしており，ここからフィヒテの閉鎖商業国家論まではわずかな距離しかない，というのが，イピの解釈である (Ypi, 2015: 124).

これは特に国家論の変遷に関してはおおむね賛同できる解釈であるが，本書では，カントは商業平和論に関しては 80 年代から 90 年代にかけて見解を劇的に変化させたとは考えない．むしろ，80 年代の歴史哲学における「自然の意図」論から 90 年代のとりわけ『永遠平和論』におけるカントの〈永遠平和の保証手段としての自然〉論への変遷は，自然目的論（およびそれに伴い国家論）の洗練化を意味するものではあっても，主張内容の核心部における大きな変化

ではないと考える.

　カントの主眼は，永遠平和を命じる理性自体が無力であって人類の進むべき
方向性を示す役割しか果たし得ず，実際の平和構築にあたっては人間の自然素
質（道徳的能力を含む）が，さらにそれだけではなく自然的欲求が，歴史の原
動力とならざるをえないという現状を，首尾一貫して解明することである．そ
のうえで，いわばその不定形の自然的エネルギーを主旋律とするなか，それを
方向づける，わずかに聞こえる副旋律（あるいは場合によっては通奏低音）の
ような形で，理性の命令が流れている，という構造でカントの思考を理解する
ことができるのではないか．このことが『永遠平和論』において，商業精神論
の受容というモチーフと，植民地主義批判のモチーフという，一見したところ
相互に矛盾する二つの議論となって，それらのあいだの緊張関係が，そのまま，
現実の国際関係の緊張関係を反映するものとなっているのである．

カント政治哲学と自由主義

　自由主義（リベラリズム）については，本書は冒頭（序論1）で述べたように，
ロールズにおける包括的教義としてのリベラリズムと政治的リベラリズムと
の区別を念頭に，前者を〈体制〉〈陣営〉イデオロギーとしての自由主義とし
て，後者を民主的合意形成のための手続的正義の理論として，それぞれ解釈す
る．この区別に基づいてカントの政治哲学をどのように位置づけることができ
るか，ということが本書の中心課題の一つとなる.

　結論的には，いずれにも回収しつくすことができない多様な側面がカント政
治哲学には含まれているというのが本書の見解である．自由主義のこの区別に
限定して見るならば，国際関係論において個別主権国家および自由主義〈体
制〉間の同盟を重視する「リアリズム」の対概念とされている，国際機関にお
ける合意形成を重視する「リベラリズム」の代表格がカントであると見なされ
ているのと同様に，手続的正義としての自由主義の方にカントの立場は近いと
私は考える[13].

　その一方で，カント政治哲学の自由主義との関連を扱う研究の代表的事例と
考えられる，カトリン・フリクシュー (Katrin Flikschuh) の "Kantian metaphysics
in contemporary liberalism" は，カントの影響下にある現代の自由主義政治哲学

の代表格として，ロールズとハーバーマスを挙げている．「現代の自由主義思想において両思想家が優位を占めている〔dominant〕というわけではないが」(Flikschuh, 2000: 12) との但し書きはあるものの，彼ら以外の自由主義の立場に立つ思想家が挙げられているわけではなく，とりわけ本書で大きく取り上げるマイケル・ドイルをはじめとする米国の自由主義政治哲学者におけるカント解釈には言及がないため，同じく政治哲学を中心に扱う議論ではあっても，本書の問題意識とは異なる．

カントの法論

カントの法論についての研究ないし言及は，カント政治哲学と自由主義との関連についてのそれらとは異なり，膨大な蓄積がある．その中でも本書の研究と関連の深い代表的な先行研究として，やや古くなるがラインハルト・ブラント (Reinhard Brandt) およびヴォルフガング・ケアスティング (Wolfgang Kersting) の1970年代から80年代にかけての研究を挙げておきたい．なおここでは本書の第5章であらためて取り上げる，所有権をはじめとするカントの私法秩序論を中心に見ていく．この問題について私は，カント法論の準備草稿および公刊された法論の両方に依拠して論じたことがある (Kirihara, 2009).

ブラントは *Eigentumstheorien von Grotius bis Kant* において，根源的総体占有〔der ursprüngliche Gesamtbesitz, communio originaria mei et tui〕の概念に着目し，この概念に基づく先占〔occupatio〕という取得方式を，ロックの労働所有論への反駁にして，グロティウスの契約所有論の再構築であると解釈している (Brandt, 1974: 191). とりわけ重要な論点は，ロックにおいては自然状態における自然法的な取得がそのまま（カントの用語で言うところの）確定的占有〔peremtorischer Besitz〕となるとされているのに対し，カントにおいては，先占は暫定的〔provisorisch〕占有を可能にするのみであって，これが確定的となるのは国家における普遍的意志の実現，すなわち完全な法的関係においてのみである，という点の指摘である (Brandt, 1974: 192). これはまさにカント私法論の核心部分であって，その意義は，カントが所有権をロックにおけるように一方的意志の帰結として（カントが分析するように，人格が物件に対して直接に課す拘束性であるかのように）想定するのではなく，共同体における人格間の

相互的意志（同意）もしくは共同体全体における全面的意志（法的拘束）の所産であると考えていた点にある．

ブラントは，占有の対象として有体物〔körperliche Sache〕だけでなく，「他の人格の選択意志」，そして「他の人格の状態」が含まれることを，個々人の内的な私のものとあなたのもの（すなわち各人の自由）はそれぞれの自己自身に属するのであって，外的対象のみが占有の対象であると考えられる以上，「驚くべきこと〔erstaunlich〕」だと述べている（Brandt, 1974: 189）．ブラントはこのことからカントの公刊された法論の議論に忠実に，対人権〔persönliches Recht〕，物権的対人権〔auf dingliche Art persönliches Recht〕の順に検討している．

しかしながら，問題はカントが，人格と人格との関係を基盤として法的諸関係を構成していた，ということである（この点は法論の準備草稿から読み取ることができる）．本書5章で述べるように，〈本来の〉順序からすれば，人格間の全面的統一性（共同体），物件を介した人格間の相互関係，そして人格間の相互承認関係を基盤とする各人の物件の法的占有，という構成となるはずであった．そのように理解して初めて，占有の三つの対象が奇異の感を免れるのであって，他の人格の選択意志，他の人格の状態，それぞれの「占有」とは，所有権モデルで人格間関係を見た場合の現象面にすぎず，本質的にはこれらはなんら，占有の語で一般的にイメージされる一方的処分権の対象ではない．ただしこの点について，カントは公刊された法論で（人格間の「知性的関係」という表現として断片的に残されてはいるものの）体系的に論じることは放棄したのである．

ケアスティングの*Wohlgeordnete Freiheit. Immanuel Kants Rechts- und Staatsphilosophie*における所有権論は，準備草稿も含めてカントの議論を念入りに検討している．そのなかでも特に注目すべきであるのは，法論準備草稿で明示されている，所有権が統合された意志を根拠とする，という論点である．この点についてカントは次のように述べている．「一方的な選択意志〔einseitige Willkür〕によっては（一方的な行為によっても）誰も取得することはできない．そうではなく，取得において拘束性〔Verbindlichkeit〕を生じさせ，相互に契約を結ぶ人びとの統合された選択意志〔vereinigte Willkür〕こそが，取得を可能にするのである」（23: 219）．

法論準備草稿におけるこの箇所および関連箇所を引用したのち，ケアスティングは，「専断的でそれゆえ不当な要求による選択意志に代わって，ア・プリオリに統合された選択意志が登場する．取得の行為はただ一方的であるほかはないが，これはあらゆる法の含意から自由に，土地において現象として現れているものにおいて，共同の選択意志〔gemeinschaftliche Willkür〕によってその人のものとして割り当てられ，同意されたものだけを，占有物とする．このような構成によって，経験的な取得行為に対して法的効力が付与される」(Kersting, 1984: 147) と述べている．さらに彼は，こうした統合された選択意志の構成が，物権と対人権，物権的対人権のすべての局面にわたって，専断的意志に法的効力を与えるかのような疑念を引き起こす，と述べている (Kersting, 1984: 147)．この疑念についてケアスティングはただちにこれを否定し，「私のものとあなたのものは，理念における統合された選択意志に（ア・プリオリに）依存しており，物件が私のものとなるのは先占〔occupation〕によってではなく，配分的選択意志 (distributive Willkür) によってである」(23: 306) というカントの文章を引用している．

　この引用文においてカントはきわめて明確に，所有権の統合された意志への「依存」性を主張している．しかも「先占」ではなく「配分的選択意志」という，公刊された法論においては法的状態における「配分的正義〔austeilende Gerechtigkeit, iustitia distributiva〕」(6: 306) として大きく取り上げられた論点との関連性を推察させる概念を用いて，一方的意志ではなく，全面的意志こそが所有権を成立させる，という構成がとられている．しかも，先の引用箇所 (23: 219) から明白であるように，統合された選択意志（全面的意志）が相互の契約（相互的意志）を可能にすることによって，取得（所有権）が成立するとしているため，法論準備草稿においては，共同性志向の所有権論が全面的に打ち出されていることになる．

　このことを，ケアスティングの先の引用箇所における「疑念」(Kersting, 1984: 147) とあわせて考えるなら，私法論の全面にわたってカントが意図していたのは，専断的・一方的意志の優位であるどころか，むしろ，全面的意志，相互的意志の優位にほかならない．その際，人格間関係をあらゆる法的関係の基盤に据えるのが，カントの意図を最も的確に反映した解釈となると思われ

序　論　　*25*

る．「総体占有〔Gemeinbesitz〕において統合された意志という理念によってカントは，物権〔das dingliche Recht〕をもある種の間人格的な法関係として，しかも一人の個人と普遍性〔Allgemeinheit〕との間で，またはカントが述べるように全体性〔Allheit〕との間で成り立つ法関係として根拠づけることが可能となった」(Kersting, 1984: 153)．ケアスティングはこのように述べることによって，所有だけでなく，法的関係の全体を人格間関係によって根拠づけるための展望に接近するが，彼はこの展望にそれ以上踏み込むことはない．

注

(1) カントの「世界市民的意図における普遍史の構想」についてフクヤマは，正義に適う市民政体をどの程度世界中に広めること〔universalization〕ができたかということを，カントが歴史進歩の尺度としたと述べている．カントの言う「普遍史」の課題とは，「共和制の政府，すなわち今日われわれがリベラルデモクラシーとして理解している政体に向けて人類全体が進歩していると期待できるための十分な理由があるのかどうか」(Fukuyama, 1992: 58) であるという．カントの言う共和政体をリベラルデモクラシーと同一とみなすことにはおおいに疑問の余地がある．また，共和政体を「世界中に広めること」をカントが「歴史進歩を測る尺度」だと考えていたとの見解は，現代のようなイデオロギーを中心とする〈陣営〉拡大のイメージでこれを捉えるなら，端的に言って疑わしい．たしかにカントは共和政体が「永遠平和をもたらす見込みがある」と述べているし (8: 351)，「普遍史の構想」においては歴史進歩の終局目的として「世界市民状態」を語っている．しかしながら，これを特定の政治形態を押し広めていくことによる平和構築と見なすことは困難である．

(2) おもに国際関係論，政治経済学の文献で見られる commercial peace の概念について，本書では先行研究の確認はあえて行わず，ヒューム，ベンサム，スミス，スペンサーそれぞれの思想から帰納的に一般化・概念化するという方法をとる．

(3) エンゲルベルト・ケンペル (Engelbert Kaempfer, 1651-1716) の『日本誌』のドイツ語版は，ケンペルの元原稿を編集したものである．その第二の付録〔Anhang〕として鎖国問題が論じられているが，その表題は「日本国において住民が出国を，外国人が入国を，そしてこの国と外国とのあらゆる交易が，十分な根拠により禁止されていることの証明〔Beweis, daß im Japanischen Reiche aus sehr guten Gründen den Eingebornen der Ausgang, fremden Nationen der Eingang, und alle Gemeinschaft dieses Landes mit der übrigen Welt untersagt sey.〕」である (Kaempfer, 1779: 394).
ケンペルはそこで次のように述べている．「地上に住む諸国民が言語，習俗，諸能力によって分かたれていることは，神の英知に適っているのではないか．この地上が明らかに，一種類の国民が，ではなく，さまざまな国民が居住すべく作られていることもそうであるし，地上の諸部分が河川，海，山岳によって〔durch Flüsse, Meere und Berge〕，さらには異なる気候によって，これらが自然の境界〔Naturgränzen〕となることで互いに分かたれ，異なる能力をもつ民衆〔Bürger〕が

そこに住むようにできていることもまたそうである」(Kaempfer, 1779: 390)．「私は狭い世界にすっかり閉じ込められている日本人を例にとって説明してみよう．日本人は快活な節度と浄福とを楽しみ〔der allerheitersten Mäßigung und Seligkeit genießen〕，周辺諸国との，否それどころか諸外国全体との交易〔Gemeinschaft〕をなしで済ませて静かに暮らしている．諸外国との交易は，生活ののっぴきならない必要か，または快適さや娯楽のために必要とされるものを維持確保するためにのみ行われる．このことを疑う者はいない．ある国民は別の国民から国家建設のための法律を受け取り，良心を落ち着かせるために宗教を受け取り，精神を陶冶するために学問を受け取り，生活の必要を満たしこれを装飾するために機械的技術を，〔…〕健康維持のために薬を受け取る．これが人びとのあらゆる結びつきの根拠であるとすれば〔Wenn dies der Grund aller Verbindung unter den Menschen ist〕，善良なる自然の贈り物によってあらゆる種類の必要性が満たされ，そして持続的で熱心な勤労によって十分に陶冶された住民の住む国は，その国の状況が国の閉鎖を許し，かつその国の民衆がそれを行うのに十分な強さと勇気を備えているならば，民衆と国境を悪徳，貪欲，虚偽，そして外国人の群れから守ることが適切であるし，またそうする義務がある．日本が他の諸国にもましてこの利点に恵まれていることは誰の目にも明らかである」(Kaempfer, 1779: 376f.)〔なお，『日本誌』の英訳版は1727年に出版されたが，この版の該当箇所の表題は「現にそうなっているように国を閉鎖し，国内外において諸外国とのあらゆる通商を住民に認めないことは，日本国の利益に適うのかどうかについての考察〔An Enquiry, whether it be conducive for the good of the Japanese Empire, to keep it shut up, as it now is, and not to suffer its inhabitants to have any Commerce with foreign nations, either at home or abroad.〕」となっている (Kaempfer, 1906: 301).〕

　明らかにケンペルは日本の鎖国政策を政治的観点からも道徳的観点からも肯定的に評価しているが，この立場は，次のような問いに対する回答として表明されている．「日本人らが，国の玄関を閉ざして外国人の入国〔Zugang〕と外国人との交易〔Gemeinschaft〕とを拒み，外国人を追い払い，〔入国を〕許可されたわずかな人びとをも敵のように監視し，住民を海岸線のなかに閉じ込め，嵐で遭難して外国の海岸に漂着した者を罪の重い逃亡者として終身刑に処し，〔…〕遭難し漂着した外国人でさえも囚人とするのであれば，彼らは罪深い仕方で神の秩序と自然との神聖な法則に抵触しているのではないか？」(Kaempfer, 1779: 395)

　自国民であれ外国人であれ，遭難者を囚人扱いするのはカントであれば訪問権と友好権とへの明白な違反であると断じたであろう（カントの世界市民法を遭難者の救護の義務および亡命権と関連づける議論については (Niesen, 2007) を参照）．その一方で，カントが日本に関する記述ならびに評価に際して，ケンペルの著作を参照した可能性は十分にある．一方，フィヒテは，「自然の境界〔Naturgränzen〕」内の自給という，ケンペルが17世紀末当時の彼自身の目にした日本像を参考に，これを閉鎖商業国家構想へと一般化した可能性がある．そのことの一つの手がかりとして，「自然的境界〔die natürlichen Grenzen〕」内への国家経済の閉鎖を説いた次の箇所がある．「地表面の一定部分は，そこの住民とともに，目に見える仕方で，政治的全体を形成すべく自然によって規定されている〔sind sichtbar von der Natur bestimmt, politische Ganze zu bilden〕．この全体の範囲は，大河川，海，近寄りがたい山岳〔grosse Flüsse, Meere, unzugängliche Gebirge〕によって隔絶されている．〔…〕統一を保ち，または〔他から〕隔絶する，こうした自然の示唆するところは，近年の政治において国の自然的境界〔die natürlichen Grenzen der Reiche〕として語られるものにほかならない．〔…〕これは単に軍備によって固められた境界というようなものにとどまるのではなく，生産的な自立と自足〔productive Selbstständigkeit und Selbstgenügsamkeit〕を目指すものである」(Fichte, 1845: 480).ここは先のケンペルの引用箇所（「地上の諸部分が河川，海，山岳によって〔durch Flüsse, Meere und Berge〕，さらには異なる気候によって，これらが自然の境界〔Naturgränzen〕となるこ

とで互いに分かたれ〔…〕」）と，表現までもが酷似している．なお，カントおよびフィヒテの中国・日本の鎖国政策への肯定的評価に対するケンペルの影響については (Nakhimovsky, 2011: Chapter 2, Note 18) でも触れられている．

(4) ペーター・ニーゼンは，訪問権・友好権の問題を私法論とりわけ所有権論と関連づけているが (Niesen, 2007)，カントが自然状態から公民的状態への移行過程として扱った，一方的意志による暫定的取得が全面的意志による確定的取得（権利義務関係の確定）に至る過程を，彼は十分に考慮に入れていない．そのため，彼は，訪問権と友好権を訪問者側の論理のみに注目して取り上げ，中国と日本の鎖国政策を普遍的友好権の例外的事象としてしか扱っていない．そればかりか，両国の鎖国政策を，独裁政権による人民の普遍的訪問権・友好権（ニーゼンの用語法ではコミュニケーションの権利）の阻害であるとすら述べている．これは単に 18 世紀末時点の歴史状況を度外視した見解であるだけでなく，カントの構想する法的状態における相互性と全面性の具体的な位相の理解としても不十分である．

(5) イデオロギー戦争の色が濃厚な第一次世界大戦には，マックス・シェーラーも初期にジャーナリスト・思想宣伝員として従軍したが，同戦争のイデオロギー（「1914 年の理念」）は，その一部をシェーラーに則して本書で検討するように，諸々の反英思想の寄せ集めであって，それ自身政治的意図が含まれている商業平和論に比べても，学術的価値の点ではるかに及ばない．

(6) 『永遠平和論』の代表的なコメンタールにおいて，ドイルは，カントとシュンペーターをデモクラシー平和論に基づく商業平和主義者として位置づけ，トゥキディデスとルソーをデモクラシーの好戦性を説く鎖国平和主義者として特徴づけている (Doyle, 2011: 168f.)．この見方はカントのもう一つの側面である植民地主義批判を見落としているうえ，カントの政治理論をリベラルデモクラシーのイデオロギーと同一視している点でも問題含みである．

(7) そのための基礎的な考察については（桐原，2021: 52-59）を参照．

(8) 初版の誤謬推理論では経験論の観点からの心的実体論の批判が議論の中心を占めたのに対し，第二版では実践理性主導により「自己意識を認識の客体から実践の主体へ転換すること」が主眼とされた（桐原, 2015: 64）．

(9) 違法な振る舞いが故意でない見落としや不注意によるもので，不可避のものであるがゆえにこれに対して責任をとる必要はない，という見解に対して，カントは以下のように反論している．「ところが自分に有利になるように語るこの弁護人は，自分のなかの告発者を沈黙させることができない．少なくとも，彼が不正をはたらいたその瞬間に，正気であった〔bei Sinnen〕こと，すなわち自由を行使することができる状態にあったこと〔im Gebrauche seiner Freiheit〕を，彼が意識してさえいるならば〔…〕．とっくに過去のものとなっている所為についての，それを思い出した際の悔恨〔Reue〕，道徳的姿勢〔moralische Gesinnung〕によって引き起こされた痛みの感覚は，このことに基づいている．これは起こったことを無しにすることはできない以上，実践的には空虚であるが〔…〕まったく正当な痛みである．なぜなら，理性はわれわれの可想的実在〔intelligibele Existenz〕の（道徳的）法則に関して言えば，時間の変遷を考慮に入れることはないのであって，もっぱら，出来事が所為として私に帰属しているか否かだけを問い，その行為がたったいま起こりつつあることなのかそれとも過去に起こったことなのかは問わずに，つねに同一の感覚をこの行為に道徳的に結びつけるからである」(5: 98f.)．

(10) 『基礎づけ』においては，目的それ自体として，単なる手段としてのみ利用することが許されない人間〔der Mensch〕およびすべての理性的存在者〔jedes vernünftiges Wesen〕が人格〔Person〕として規定され，傾向性の対象であり，手段としての相対的な価値のみをもつとされる物件〔Sache〕と対比される (4: 428)．一方，『法論』においては，人格は「自身の行為について帰責

〔Zurechnung〕の能力をもつ主体」と規定され，「道徳的人格性」が「道徳法則のもとにおける理性的存在者の自由」と規定される（「心理的人格性」は「自己の現存在の異なる諸状態において同一性を意識すること」である）．この場合の道徳法則とは，単独での，または共同の自己立法によるものである．これに対し，物件は「帰責の能力をもたない事物」であり，それ自身は自由を欠いている一方で，自由な選択意志の対象となる (6: 223)．

(11) 同論文における「市民的自由」については本書 1 章においてくわしく論じる．

(12) 「相当程度の市民的自由は，国民の精神の自由にとって有益であるように思われるが，それでもなお，この〔精神の〕自由に越えがたい制約を課す．これに対し，よりわずかな市民的自由〔があるにすぎない場合においても，それ〕は，国民の精神に余地を与えて，能力の及ぶかぎり，その精神を押し広めることを可能にする．この重い覆いの下で自然が，自由な思考〔das freie Denken〕への傾向性〔Hang〕と召命〔Beruf〕という萌芽を育んでおり，これが芽を出すように仕向けたとするならば，この傾向性と召命はしだいに国民の感覚様式〔Sinnesart〕に影響を与え（そのことによって行為の自由〔Freiheit zu handeln〕の能力を手に入れるようになる），さらに最終的には，自由と調和することが見出された統治〔Regierung〕の諸原則にまでも影響を与えて，機械機構以上のもの〔mehr als Maschine〕である人間を，その尊厳にふさわしく扱うことになるであろう」(8: 41f.)．ここでは，「普遍史の理念」および『永遠平和論』と同様に，市民的自由における利己心を含む自然傾向性の側面が触れられている．

(13) トーマス・W. ポッジ (Thomas W. Pogge) は Is Kant's *Rechtslehre* a 'Comprehensive Liberalism'? において，ロールズがミルとならんでカントを「包括的リベラリズム」として特徴づけていることに疑義を呈している (Pogge, 2000: 133-158)．同論文におけるきわめて詳細な分析をここでは検討する余地はないが，私もカントを包括的教義の世俗版として位置づけるロールズの見解に全面的には賛同できない．本書では包括的教義を，自己の立場と対立する立場を敵対視しつつ自己の立場内の教義の統一および共有を要求する，宗教教義または政治イデオロギーとして理解する．カントの〈法〉中心の自由論はそうしたイデオロギーとしての側面を持たず，むしろ任意の共同体（国家，国家間関係，世界市民社会）内の，最低限の権利の擁護を基盤とする（合意形成の根拠ともなりうる）理論として，政治体制の相違を超えて適用可能な理論を志向している．

第1章

法秩序の歴史的生成

1-1　歴史進歩の法則性

　ニュートン力学に代表される自然科学の厳密な知を愛したカントが，70歳の高齢を過ぎた1795年，パンフレット形式ではあるが本格的な政治哲学に関する著作『永遠平和論』を公刊した背景には，彼の1780年代の歴史哲学研究があった．もともと天文学や自然地理学，および論理学や形而上学の研究を手掛けてきたカントならではと言うべきか，彼の歴史へのアプローチには自然科学，自然哲学の知見が存分に生かされる．そこには自然現象とは異なる歴史の固有性，とりわけ，自然必然性ではなく，個人間，集団間の相互行為とその帰結に影響を与える人間の情動と自由への洞察ももちろんあるが，カントの主眼は，あくまでも自然科学の法則性をモデルとして，これに準ずるものとして，人類の歴史進歩に法則性を見出そうとすることにあった．

　「形而上学的意図においていかなる意志の自由の概念を作るのであっても，意志の自由の現象である人間の行為は，他のあらゆる自然の出来事と同様に，普遍的な自然法則によって規定されている」(8: 17)．これが，1784年のカントの論文「世界市民的意図における普遍史の構想〔Idee zu einer allgemeinen Geschichte in weltbürgerlicher Absicht, 以下「普遍史の構想」〕」の冒頭文である．「人間の行為〔die menschlichen Handlungen〕」が「〔自由な〕意志の現象〔die Erscheinungen desselben [des Willens]〕」であるというのはどのような意味であるのか．「人間の行為」が「自由」な意志に基づくものでありながら同時に「普遍的な自然法則によって規定されて〔nach allgemeinen Naturgesetzen bestimmt〕」いるというのはどのような意味であるのか．こうした論点について，「形而上学的意図〔metaphysische Absicht〕」または方法論的意図から述べることもカントにはできたであろう．しかし彼はここでは，個々人の自由意志に大きく影響を受けるはずの行為（婚姻や出生など）が，社会全体としては一定の統計的法則性（もしくは一般的傾向性；地域や時代ごとの婚姻率，出生率など）を示すということを引き合いに出して，「大まかに見れば〔im Großen betrachtet〕」歴史が，ちょうど海流の動きや植物の生長にもなぞらえることのできる「規則どおりの進行〔ein regelmäßiger Gang〕」を示すこと，およびこの

合法則性が，人間の歴史の場合，「類全体として〔an der ganzen Gattung〕徐々にではあるが着実に根源的素質〔die ursprünglichen Anlagen〕を発展させていくこと」に見出せると「期待できる〔sich hoffen lassen〕」と述べるにとどめる.

　この主張の根拠としては，「導きの糸〔Leitfaden〕」としての「自然の意図〔Naturabsicht〕」という概念が示されるのみである．この「自然の意図」の内容は，十年余り後の永遠平和論の「永遠平和の保証」に関する補論において詳述されることになるが，ここでも簡潔にではあるが述べられている．すなわち，この自然の意図は，人間の意図とは直接に結びつかないまま，むしろ人間の意図とは逆に作用しながら，人類史を一定の方向へと導いていく.

　仮に人類史が，「理性的な自分自身の意図〔vernünftige eigene Absicht〕」(8: 18) をもつ「理性的な世界市民〔vernünftige Weltbürger〕」(8: 17) によって日々構築されるならば，「計画どおりの歴史〔planmäßige Geschichte〕」も可能であっただろう．しかし，この，「蜂やビーバー」などの動物の，本能に導かれた行動様式にも見られる規則性とは対極的に，人間は，「個々人にほんの時たま見られる知恵〔hin und wieder anscheinende Weisheit im Einzelnen〕」(8: 18) にもかかわらず，日々，子どもじみた破壊欲〔Zerstörungssucht〕に突き動かされて，不断の進歩を読み取るすべもない，むしろ退歩しているのではないかとさえ思わせる現状を示す．それにもかかわらず，「類においてのみ〔nur in der Gattung〕」（第二命題）不断の進歩がみられる．このようにカントは主張する．「自然の意図」とは裏腹に人間自身が示す「破壊欲」に，カントは「非社交的社交性〔ungesellige Geselligkeit〕」というやや洗練された表現を与えてはいるものの，これが退歩をもたらす紛争や戦争（「敵対状態〔Antagnosmus〕」）につながり，「理性的な世界市民」の理想とはかけ離れた人間の現状を示していることにかわりはない.

　このようにカントは，進歩とも発展ともかけ離れた自然本性（破壊欲，非社交的社交性）をもち，文明の構築と破壊とを繰り返す人類が，しかしながら全体として，類として，不断の進歩を示すと「期待できる〔sich hoffen lassen〕」こと，つまり人類進歩への控えめでも大胆でもある信仰／信念を，「自然の意図」に託す．これが，カントの言う「世界市民的意図〔weltbürgerliche Absicht〕」の内容である．ここで用いられる「世界市民〔Weltbürger〕」の語は，

学術的に確立された概念であるというよりは，どちらかといえばそれ自体が政治的意図をもち，「本質的に論争的な概念〔essentially contested concept〕」と言われるものに近いであろう．つまり人類全体の「普遍史」を「構想」することは，それだけで「世界市民的な意図」に基づく政治的な試みであり，したがってこの歴史哲学論文には永遠平和論の政治的意図が予示されているとも言える．

1-2　人類？ 自然？──進歩の主体

「普遍史の構想」の各命題は，以上の基本見解を個別テーマごとにくわしく述べている．第八命題においては，それ以前の命題の内容に基づいて，この歴史進歩の方向性の概要がまとめられている．人類史〔die Geschichte der Menschengattung〕とは，大まかに見れば〔im Großen〕，隠された自然の計画〔ein verborgener Plan der Natur〕の遂行過程である，という主張が冒頭掲げられる．そしてその自然の計画の目的が，「内的にも，またそのために外的にも完全な国家政体〔innerlich- und *zu diesem Zwecke* auch äußerlich vollkommene Staatsverfassung〕」の樹立であるとされる．そして，この国家政体は，「自然がその全素質を人間性において完全に発展させ得る，唯一の状態〔der einzige Zustand, in welchem sie [die Natur] alle ihre Anlagen in der Menschheit völlig entwickeln kann〕」(8: 27) であるとも述べられる．

英語圏のカント政治哲学研究においてしばしば用いられてきたハンス・ライス編による英訳版は，第八命題冒頭の最後の文を訳すにあたって，「人類のすべての自然素質が完全に発展させられることの可能な，唯一の状態〔the only possible state within which all natural capacities of mankind can be developed completely〕」(Kant, 2010: 50, 傍点は引用者) と原文を受動態に変えて訳している．これはおそらく，「自然がその全素質を人間性において完全に発展させ得る」(傍点は引用者) という発想に訳者が違和感を覚えたためであろう．カントの原文が能動態で，主語は女性単数の代名詞 sie であるため，この sie は「自然の計画〔Plan der Natur〕」と言われているところの「自然〔Natur〕」を受

第 1 章　法秩序の歴史的生成　**33**

けていると捉えるのが文法上は無難である．というのも，その前にある人類
〔Menschengattung〕を受けていると理解すると，「人類〔Menschengattung〕が
その素質を人間性〔Menschheit〕において完全に発展させ得る，唯一の状態」
となる．これではほぼトートロジーとなってしまう以上，ここでの sie は die
Natur であることに異論の余地はない^(1)．

　だが同時に，もしそう解釈するとすれば，カントは図らずもここで，〈歴史
進歩の主体としての自然〉という，まったく独断的な主張に余地を与えている
ことにもなる．すでに 1781 年に『純粋理性批判』の公刊によって確立された
はずの批判の精神は一体どこへ行ったのかと，疑問を持たれても仕方がない．

　しかし，上述のようにカントは，人間の「破壊欲」と「非社交的社交性」が，
度重なる文明破壊をもたらすことを認めながら，「自然」という「導きの糸」
の働きによって，人類史が徐々に進歩していく（自然素質が発展していく）と
述べている．すでに「類においてのみ〔nur in der Gattung〕」自然素質が発展
する（第二命題），と述べられていることに加え，「自然の意図〔Naturabsicht〕」
については，論文冒頭，「個々人，さらには諸民族の全体〔すなわち人類〕ま
でもが，自分たちの思うとおりに，また互いに対立してまで，自分たち自
身の意図〔ihre eigene Absicht〕を追求するにあたって，知らず知らずのうち
に導きの糸〔Leitfaden〕としての，彼らの知らない自然の意図に沿って前へ
進み，しかもその自然の意図を自ら促進すべく働いている〔an derselben [der
Naturabsicht] Beförderung arbeiten〕ということを，彼らは気にも留めないので
ある」(8: 17, 傍点は引用者) と述べられている．第八命題ではカントは「経験
が，このように自然の意図の働きに類するものを見出せるか否かが問題だ」(8:
27) とも述べている．個々の人間主体からは独立して，その集合体もしくは理
念としての「人類〔Menschengattung〕」がいわば〈実体化〉されている．それ
にくわえて「自然」に「意図」が備わる，とも述べられている．そうである以
上，先の文で，「自然」を主語として理解することに異論の余地はない．だが，
歴史進歩の主体が自然だというのは，比喩表現としても合理的主張とは思われ
ない．

　おそらくカントの意図は，個々の人間の意図からは独立して進行していく人
類史全体の大まかな軌道とその〈合法則性〉を見定めることにある．ここでは，

「普遍史の構想」から『永遠平和論』へ向かう経路においてカントが公刊した『判断力批判』で扱われている，特殊から普遍を見出す反省的判断力の働き[2]に基づく自然目的が，この段階では概念的に未整備のまま，想定されているとも言える．しかしそれにしても，〈自然の目的〉にくらべても〈歴史進歩の主体としての自然〉には独断論の色合いが一段と濃い．

　だがこれも，先に述べたカントの政治的意図と関連がある．カントが彼の政治的意図を著作の形で明らかにし，彼自身の発言によって，たどたどしいながらも政治へのなんらかのコミットメント[3]をなそうとした背景には，当然ながら，彼の住むプロイセンの置かれた18世紀末の切迫した国際政治情勢もある．だがそれと並んで，歴史進歩の主体としての自然，という表現をカントが用いたことの意味は，文明破壊を繰り返す人類に対し，まさしく〈自然の法則性〉の普遍的観点から警鐘を鳴らすというスタイルをとることを，カントが選択したということにあるのではないだろうか．

1-3 〈人間の意図〉と〈自然の意図〉それぞれの領分

　実際，この解釈は，第八命題であらためて自然法則について触れられていることによって裏づけられる．カントは先述の問い「経験が，このように自然の意図の働きに類するものを見出せるか否か」に対し，以下のように回答を与えている．

　　見出されるのはごくわずかである．というのは，この円環運動〔Kreislauf; 大幅な行きつ戻りつを繰り返す歴史〕が自らを閉じるのは実に長い時間を要するために，人類〔Menschheit〕がこの〔自然の〕意図において自ら〔受け取りまた〕差し戻して寄与した〔in dieser Absicht zurückgelegt hat; 先述の「自然の意図を自ら促進すべく働いている〔an derselben [der Naturabsicht] Beförderung arbeiten〕」と同義と解釈する〕わずかな部分から，この意図のなす軌道と，〔軌道の〕諸部分がもつ全体への関係とを明確に規定することはきわめて困難であ

り，それは，これまでの天文観測の結果全体から，恒星系全体の中での太陽とその惑星群の軌道を割り出すことよりもはるかに難しいからである (8: 27).

　カントはここで，歴史進歩における人類の自然素質の発展経路を，自然法則性によって描き出すことは不可能だと断言しているに等しい．だが同時に，それが不可能であるがゆえになお一層，歴史進歩（または退歩）が人間の側のその都度の責任をともなう意志決定と行為とに依存していることにもなる．その一方で，人間に備わる破壊欲を克服することが期待されている人間理性には，人間の傾向性や情動という内的自然にくわえて，行為の置かれた個々の状況にも対応する限界が課せられている．これを補うべく，カントは，「自然の意図」が，個々の人間の意図を超えたところで働いているとの信仰／信念を，一つの政治アピールとして，表明せざるを得ないのである．要するに，カントが歴史進歩に「自然の意図」が働いていると述べたことの真意は，歴史進歩における人間の自己決定と責任の領分を明らかにすることにある．そしてこの趣旨は『永遠平和論』第一補論における〈永遠平和の保証手段としての自然〉の構想においてほぼそのまま受け継がれる．

1-4　外的な完全性の「目的」としての内的な完全性

　第八命題にはもう一つの重要な論点がある．それは，「自然がその全素質を人間性において完全に発展させ得る，唯一の状態」とされる「内的にも，またそのために外的にも完全な国家政体〔innerlich- und *zu diesem Zwecke* auch äußerlich vollkommene Staatsverfassung〕の樹立」（強調は原文）という表現において，国家政体の内的な完全性が外的な完全性の「目的〔Zweck〕」とされていることである．国家政体の内的完全性と外的完全性とは何か，そして，前者が後者の目的である（したがって後者は前者の手段である）とはどのような意味なのか．この点が問題となる．この問題に答えるための鍵が，第八命題におけるカントの次の文章に含まれている．

現在，諸国家はすでに実に人為的な相互関係〔künstliches Verhältniss gegen einander〕のなかにある．そのため，一つの国が国内の文化を衰退させるようなことがあれば，それによって他国に対する勢力〔Macht〕と影響力〔Einfluß〕とを失わずにはいられない．したがって，この自然の目的〔Zweck der Natur〕〔としての完全な国家政体の樹立〕の，進歩〔Fortschritt〕とは言わないまでも，その保持〔Erhaltung〕は，諸国家の名誉を求める意図〔die ehrsüchtigen Absichten〕によってさえ，保証〔sichern〕されるのである．さらに，市民的自由〔bürgerliche Freiheit〕というものを損ねたならば，それによってあらゆる経済活動において〔in allen Gewerben〕，とりわけ商業〔Handel〕において，不利益を被らざるを得ないし，さらにはそのことによって，対外関係における国力の低下に見舞われざるを得ない．だがこの〔市民的〕自由は徐々に進歩していく〔Diese Freiheit geht aber allmählig weiter〕．もし市民〔Bürger〕が，他の人びとの自由と共存し得る限りでの，自分の選んだあらゆる方法によって自身の幸福追求〔Wohlfahrt〔…〕zu suchen〕を行うことを妨げたならば，生業〔Betrieb〕全体の活気を，したがってまた〔国家〕全体の活力をも阻害することになる (8: 27f.).

　この後の箇所でカントは，同年の「啓蒙とは何か？　という問いへの回答〔Beantwortung der Frage: Was ist Aufklärung?〕」の主題である思想信条の自由，とりわけ信仰の自由の問題を取り上げ，これを今引用した箇所の経済活動の自由とともに市民的自由の重要項目として挙げている．さらに「近代の発明〔eine neue Erfindung〕」としての国家債務〔Schuldenlast〕と，国家債務を財源として用いる戦争の問題に触れたのち，カントは次のように国債のもたらす財政破綻も含めた国内動乱の国際的影響に言及する．

　あらゆる国内動乱〔Staatserschütterung〕も，その国の経済活動によって複雑に関連し合っている世界〔ヨーロッパならびにそれを中心とする貿易圏〕においては〔in unserem durch seine Gewerbe so sehr verketteten Welttheil〕，それがもたらすすべての関係国への影響は甚大である．そのため，関係各国は危険を回避する必要に迫られて，法的権限もないまま，仲裁役を買って出る．こうして，歴史上前例のないほどの大規模な将来の国家政体〔ein künftiger großer Staatskörper〔…〕, wovon die Vorwelt kein Beispiel aufzuzeigen hat〕がはるか遠方か

ら〔von weitem〕用意されることとなる．この国家政体は，いまのところ，漠然とした見取り図にすぎないが，いわば〔世界〕全体の保持〔Erhaltung des Ganzen〕に関心をもつ〔その国家政体の〕構成員の感情はすでに動き始めており，この感情が，幾多の革命や変革を通じて，最終的には，自然が最高の意図として有するところのもの，すなわち普遍的な世界市民の状態〔ein allgemeiner weltbürgerlicher Zustand〕が，人類のすべての根源的素質をそのなかで発展させるための萌芽として，いつかは現れるという希望を与えるのである (8: 28, 強調箇所は原文).

　文脈上，この箇所は，思想信条と経済活動をはじめとする市民的自由の拡大が，国民負担を強い，財政破綻の危険をはらむ恣意的な戦争への反対を伴う形で，世界市民社会の構築につながるという趣旨である．これは言うまでもなく，のちの『永遠平和論』の内容（とりわけ国民負担の忌避を戦争回避の動機とする点 ; 8: 351，および国家債務を戦争の主要手段および国際関係の攪乱要因としてこれを否定的にとらえる点 ; 8: 345f.）を予示するものだが，後者で挙げられた具体的な項目としての国内法，国際法，世界市民法という枠組みを持たない分，カントの構想をより直截的に語るものとなっている．そして，国家動乱の主内容として戦時国債による財政破綻，およびそれによる国際経済の破綻が想定されていることから，「普遍史の構想」においては，世界市民社会における永遠平和が，外国貿易を中心とする自由な経済活動によって，同時にまた，国際関係への悪影響を回避するために国家債務をなくしていくことによって，徐々に達成されると考えられていることがわかる．
　そこで，国家政体の内的完全性と外的完全性とは何か，そして，前者が後者の目的である（したがって後者は前者の手段である）とはどのような意味か，という問いについて考えてみよう．カントは，先述のように，自然がその全素質を人間性において完全に発展させ得る唯一の政体を「内的に完全な国家政体」と考えていた．そのための手段として，カントは，いま述べたような意味での市民的自由を最大限確保することを想定している．一方，国家政体の外的な完全性とは，国内の市民的自由を拡大して，とりわけ外国貿易によって，関係国双方の国民＝市民が各々の幸福追求を外部からの妨げなく行うことのでき

る状態であると考えられる．これは端的に言えば，諸国家間の貿易を通じて国家間関係が緊密化され，かつ安定している状態を指す．そして，この意味での国家政体の外的完全性は，翻って各国内の安定性をもたらすという意味において，国家政体の内的完全性の手段となる．

　先述のように，カントは「自然の目的〔としての完全な国家政体の樹立〕の，進歩とは言わないまでも，その保持は，諸国家の名誉を求める意図〔die ehrsüchtigen Absichten〕によってさえ，保証〔sichern〕される」と述べている．ある国家の他の国家に対する名誉や勢力の誇示が，ここでは自然の目的の〈手段〉としての意味しかもたないことに注目する必要がある．対外的威信も含めて，国家間関係を表す事項は，なんらそれ自体〈目的〉とはなり得ない．これはつまり，対外的威信を獲得・維持・拡張するために，内政において市民的自由を犠牲にしてはならない，ということを意味する．あくまでも目的は，国家の内的完全性，すなわち，各国国民・市民のそれぞれの領域における自由な経済活動や思想信条の実践であり，それを通じての幸福追求の保持である．少なくとも「普遍史の構想」はそのような解釈に余地を与えている．

注

(1) パウリーネ・クラインゲルト編の翻訳では「自然」を主語として明記している．"[...] the only condition in which nature can fully develop all of its predispositions in humankind [...]" (Kant, 2006: 13).

(2) 「判断力とは，特殊なものを普遍的なもののもとに含まれるものとして考える能力である．普遍的なもの（規則，原理，法則）が与えられており，特殊なものをそのもとへ包摂する判断力は〔…〕規定的〔bestimmend〕である．これに対し，特殊なものだけが与えられており，それに対して普遍的なものを見出すことが求められる場合には，判断力は反省的〔reflectirend〕である」(5: 179).

(3) 長らく政治に疎かったカントが，フランスからのプロイセン撤退（バーゼル条約）やポーランド併合という政治状況に直面して，彼なりの政治的主張を迫られた結果が『永遠平和論』であった，とする解釈については (Gallie, 1978: 8-36) を参照．

第 2 章

アメリカ政治哲学における
カントの自由主義〈陣営〉イデオロギー化

2-1 カール・ヨアヒム・フリードリヒにおける
カント哲学と国際連合憲章

　ここで目を転じて，20世紀後半以降の政治哲学におけるカント哲学の受容と解釈，とりわけ『永遠平和論』の解釈について検討しよう．便宜上，アメリカ合衆国の議論に絞って見ていく．まずはドイツ出身のカール・ヨアヒム・フリードリヒ (Carl Joachim Friedrich, 1901-1984) からである．

　フリードリヒは，1920年代よりハーバード大学に研究滞在し，のちに同大学で教鞭をとるようになった．ナチス政権成立に際して彼は米国に帰化し，そのままハーバード大学で教鞭をとり続けた．そのフリードリヒは，ハイデルベルクでの学生時代より新カント派（西南ドイツ学派）の影響下でカント研究を行っており (Kant, 1949: Preface)，戦後におけるアメリカ合衆国におけるカント政治哲学研究は，フリードリヒによるカント政治哲学およびカント哲学全般の紹介から始まったとも言える．

　フリードリヒは第二次世界大戦終結間もない1947年，終戦の年（1945年）の6月に署名され，10月に発効した国際連合憲章と，終戦の年でちょうど出版から150年を迎えたカントの『永遠平和論』との関連性を論じた論文 ("The Ideology of the United Nations Charter and the Philosophy of Peace of Immanuel Kant 1795-1945") を発表している (Friedrich, 1947)．

　その論文によれば，カントは，文明の目標が自律的人格性〔autonomous personality〕の完全な発達にあり，その目標を実現するためには普遍的な法の支配〔a universal rule of law〕を確立することによって永遠の平和を確保することが不可欠であると考えていた (Friedrich, 1947: 12)．フリードリヒは，カント政治哲学が国際連合憲章につながる平和主義の精神に根ざしているとし，特に重要な論点として，互いに影響を与え合う人びとはすべて，共通の市民的立憲政体〔a common civil constitution〕に従う必要があること (Friedrich, 1947: 21)，そして『永遠平和論』第三確定条項の世界市民法に関するカントの普遍的友好権および外国訪問権に関する記述は，「個人を〔国籍にかかわりなく直接に〕世界秩序の構成員とすること」(Friedrich, 1947: 28) を求めており，この世界秩

序は征服と帝国主義とは矛盾すること，などを指摘している．

国際連合憲章とカント平和論との関連について，フリードリヒは二点を指摘している．まず，国連憲章が「世界規模の組織〔a world-wide organization〕設立のためにカントが求めた条件の多くを満たしている」とし，特に第二確定条項の「自由な諸国の連邦体制〔Föderalism freier Staaten〕」には，国連憲章の「すべての加盟国の主権平等〔the sovereign equality of all its member〕」が対応するとしている（ただし，「自由な国」すなわち第一確定条項で述べられた「共和制〔republikanische Verfassung〕」という条件は国連加盟国に求められない）．次に，カントの世界市民法が個人を直接に世界秩序の構成員と見なしていることに関連して，国連憲章の「すべての者のための人権および基本的自由〔human rights and fundamental freedoms for all〕」への言及（第1条第3項1，第55条 c，第76条 c の「人種，性別，言語，宗教の区別なしに人権と基本的自由を尊重すること」）は，国際秩序において個人の占める場所があることを示すとしている．

カントは世界市民法を訪問権と友好権に限定したが，このことの意図についてフリードリヒは次のように述べている．すなわち，これは外国とのかかわりにおけるミニマムとしての，個人が外国を訪問する自然権〔natural right to visit foreign countries〕と，そのマキシマムとしての外国を支配する権利〔right to subject them〕とを対比して前者のみを認めることにより，その対極にある外国の植民地支配を一切認めないためであるという．全人類の平等な地位を認め，一民族が他民族を支配することを断固として否定することが，第三確定条項と国連憲章とに共通する精神だとする．そして，カントの第五予備条項における内政不干渉の原則は，世界市民法に照らし合わせれば，帝国主義から人民を，迫害から少数民族を保護するために，世界連邦体制〔world federalism〕が積極的な措置をとるべく，それ自身制限されるべきであると述べる．それと同時にフリードリヒは，こうした個人の権利を直接に保護するための制度枠組みの創設が国際社会の課題であるとする．

国連憲章第4条1は，国際連合加盟条件として，国連憲章の定める責務を受け入れこれを実施する「平和を愛好する国〔peace-loving states〕」であることを挙げている．この点についてフリードリヒは，この「平和を愛好する」こと

が何を意味するのかは「不鮮明〔obscure〕」だとしている (Friedrich, 1947: 25).
だが，これ以後の米国のカント政治哲学研究，もしくはカントを思想的バック
ボーンとする国際関係論研究においては，ある意味においては，この「平和を
愛好する国」がリベラルデモクラシーを標榜する国と同一視され，これが「デ
モクラシー平和論〔The Democratic Peace〕」(Russett, Layne, Spiro, Doyle, 1995) に
つながることになる.

　米国における戦後の政治哲学におけるカント評価に大きな影響を与えたの
は，先に触れた，フリードリヒ編訳により 1949 年に出版されたカント哲学の
紹 介 書 (*The Philosophy of Kant: Immanuel Kant's Moral and Political Writings*, Edited,
with an Introduction by Carl Joachim Friedrich) である. 同書は三批判と宗教論の
要約抜粋，および歴史哲学，政治哲学，人間学に関する小論の，大半はフリー
ドリヒ自身による訳からなり，彼による序文も含む 500 頁を超える大著で，そ
の特徴は，著作の末尾に配置された『永遠平和論』[1]を中心にカントの政治哲
学に関する著作で繰り返し主張される命題「戦争はあってはならない〔there
shall not be war〕」を，カント哲学の最も重要な「定言命法」(Kant, 1949: xxxv,
xlii) として位置づける点にある. フリードリヒによれば，理論哲学，実践哲学
に（美的および目的論的）判断力の批判が加わってようやく，カント哲学体系
は全体として意味を成す構造となっており (Kant, 1949: xxxivf.)，とりわけ判断
力の批判を通じての「自然と自由との，また『である』と『べし』との断絶を
架橋すること〔bridging the gap of nature and freedom, or "is" and "ought"〕」(Kant,
1949: xxxviii) という役割が重視されている.

　カント哲学紹介書序文において，平和論に関してフリードリヒがとりわけ重
視するのは，「万人のための法の下での自由の政体のための最も深い哲学的根
拠 づ け〔the most profound philosophical foundation for a regime of freedom under
law for all men〕」(Kant, 1949: xxxvi) である. カント哲学紹介書の序文という性
格上，この点について立ち入った考察はないが，次のような政治・法哲学上の
最重要課題がここで挙げられている.

　①「大小を問わずあらゆる人間関係において平和を確立し維持するための仕
事を行うという道徳的義務」(Kant, 1949: xlii)

　②「人間の闘争的で競争的な本能〔man's combative and competitive instincts〕」

にもかかわらず「戦争を取り除き」,「法の下での自由の持続的秩序,平和を確保する世界規模の制度体系〔a lasting order of freedom under law, a world-wide constitutional system which makes peace secure〕に到達する可能性」(Kant, 1949: xlii)

③「法と自由とで,市民的立法の両軸が成り立っていること〔freedom and law are the two axes of civil legislation〕」(Kant, 1949: xliif.)

④「自由を欠いた法と強制は独裁であり,自由と法とを欠いた強制は野蛮であること」(Kant, 1949: xliii)[2](『実用的見地からの人間学』)

これらの問題提起にひとつひとつ取り組むことが,法・政治哲学におけるカント研究の本来の任務とも言えよう.

だが実際には,米国における戦後の政治哲学においては,カントの〈法〉の側面よりも〈政治〉の側面の方が重視されてきたように見える.それに加えて,上述のようにフリードリヒがカント哲学を,理論哲学,実践哲学,判断力批判,歴史哲学が全体として平和論の戦争放棄の主張へと集約される体系として再構成する方向を指し示す中で,「自由と自然との架橋」にも言及していた点が,政治哲学の要請に直接には適わない難解な形而上学だと考えられたためか,これもまた十分に注目されてこなかったように思われる.

この点は政治学研究者として名を成したフリードリヒが,上述のように重要課題を提示しながらもそれらにみずから取り組むことがなく,体系的カント研究を残さなかったためでもあるだろう.だがそれ以上に,フリードリヒ自身も期待を込めつつ,間接的に指摘しているように[3],戦後の米国が,リベラルデモクラシー陣営の筆頭として,世界平和の確立と維持とを〈政治的〉または〈軍事的〉任務として一手に背負っているかのように考えられたこととも関係があるだろう.ここからは「デモクラシー平和論」という,特定の政治体制を世界平和の前提とする思想がカントにおいて表明されているとする解釈,そしてそれに基づいて欧米型デモクラシーを〈輸出〉する発想がカントによって正当化されているとするかのような見解にまでは,ごくわずかな距離しかない.だが実際には,カント自身の哲学はこうした解釈や見解からはかけ離れているのである.

2-2 マイケル・W・ドイルのデモクラシー平和論

つぎに，冷戦終結前後における米国の政治哲学におけるカント解釈の事例を検討しよう．

コロンビア大学の国際政治学者マイケル・W・ドイル (Michael W. Doyle, 1948-) は，デモクラシー平和論 (Democratic Peace) の提唱者として知られる．そのドイルの1983年の代表的論文「カント，自由主義の遺産，そして対外情勢〔Kant, Liberal Legacies, and Foreign Affairs〕」(Doyle, 1983) において，彼は，国連憲章の文言を引用しつつ「自由主義はそれ自身として『平和を愛好する』ものではないし，首尾一貫して抑制的，または意図において平和的であるのでもない〔liberalism is not inherently "peace-loving"; nor is it consistently restrained or peaceful in intent〕」(Doyle, 1983: 206) としながらも，「それでもなお，自由主義が対外情勢における限られた諸側面でたしかに示す平和な意図および抑制は，世界征服という墓場に至る手前のところでの世界平和の可能性を告げている〔Yet the peaceful intent and restraint that liberalism does manifest in limited aspects of its foreign affairs announces the possibility of a world peace this side of the grave or of world conquest〕．それは，自由な社会の間で別々に打ちたてられた平和をつねに拡大することによって，世界平和を確立するという見通しを強めてきた」(Doyle, 1983: 206) と，ややもって回った表現ながら，自由主義〈陣営〉内の平和を維持しながらこの勢力を徐々に拡大していくことによって世界平和を確立するという展望を描いている．

「他の自由主義社会に対する自由主義的実践と，非自由主義社会に対する自由主義的実践とのあいだの相違〔the differences between liberal practice toward other liberal societies and liberal practice toward nonliberal societies〕」が論考の主眼であると述べられていることからも，自由主義〈陣営〉の拡大によって平和を維持するという見通しが色濃く出ている．これはつまり，国家から国家間連合を経て世界平和へ至ろうとする道筋であり，国連などの国際機関による連携，または民間の国際協力を拡大することで，〈体制〉の相違を超えて国家間の行動を統制する，という道筋ではない．だが，カント，およびカール・ヨア

ヒム・フリードリヒが念頭に置いていたのは，後者の道筋ではないのだろうか．

2-3　敵対を鎮静化させる〈自然法則〉

　ドイルは，自由主義は「個人の自由〔freedom of the individual〕」を原理とするという (Doyle, 1983: 206)．この原理を徹底するならば，議論の中心点は国家間関係であるよりむしろ国内外の個人間の関係にあるように思われる．だがドイルは，「個人の自由」を原理とする〈体制〉に焦点を定める．実際，ドイルはこの個人の自由という原理を「道徳的自由〔moral freedom〕の重要性への信念」，「倫理的主体として扱われ，単なる客体または手段として扱われるのではない権利およびそのように他の人びとを倫理的主体として扱い，単なる客体または手段として扱わない義務〔the right to be treated and a duty to treat others as ethical subjects, and not as objects or means only〕」(Doyle, 1983: 206) としてカントの定言命法をふまえて具体化し，この原理に基づく「権利/法および制度〔rights and institutions〕」として以下の三点を挙げている (Doyle, 1983: 206f.)．

　① 恣意的権威からの自由（消極的自由）：良心の自由，出版と言論の自由，法の下の平等，財産を恣意的差し押さえなく所持し自由に交換する権利を含む

　② 自由を実現する能力および機会を保護促進する権利/法（積極的自由）：教育の機会均等，ヘルスケアや雇用の権利などの社会経済的権利/法

　③ 民主的政治参加と代表選出〔democratic participation or representation〕：道徳的に自律的な個人の自由を公的権威〔public authority〕を要する社会活動の諸領域において保持するために，公共の立法機関〔public legislation〕が，市民の意志を反映させて，自身の共同社会を律する法律を作成しなければならない．

　これら三つの権利/法はカントの示した「挑戦〔challenge〕」に直面する，として，ドイルはフリードリヒのカント哲学紹介書のなかから，永遠平和論の「永遠平和の保証」のうち，国法に関する次の箇所を引用している．

　　生存のために一般的な法律を要求しはするものの，各々自分だけは〔法適用

の〕例外としておきたい理性的存在者の集団を組織して，私的な態度〔private Gesinnung; フリードリヒの訳では private attitude〕においては対立しながらも，その私的な態度〔が公的な態度として表面化すること〕を押しとどめて〔aufhalten〕，公的な〔場において現われた〕振舞い〔öffentliches Verhalten; フリードリヒの訳では public behavior〕としては，あたかもそうした悪意のある態度〔böse Gesinnungen; フリードリヒの訳では evil attitudes〕をもたなかった場合と同様の効果〔Erfolg; フリードリヒの訳では "in such a manner that the public behavior [of the rational beings] is the same as if they did not have such evil attitudes" であり，Erfolg の語が反映されていない〕をもたらすことができるように，彼らの政体を樹立すること (Doyle, 1983: 207, Kant, 1949: 453, 8: 366).

カントはこの箇所を，「たとえ困難に見えても，悪魔の国民〔ein Volk von Teufeln〕にさえも（悟性が備わっている限り）解決可能な，国家設立の課題」として引用符付きで述べている．その内容は，端的に言えば，法の支配は道徳性を不可欠の要件とはしない，ということである．カント自身次のように課題を言い換えて，彼の想定する法の支配の特質を描いている．

　この課題は人びとの道徳的改善〔die moralische Besserung der Menschen〕ではなくて自然の機構〔der Mechanism der Natur〕を人びとにおいて活用する方法〔に関する課題〕であり，ある民族内で，人びとが非友好的態度〔unfriedliche Gesinnungen〕を持ち対立しているにもかかわらず，この対立を方向づけて〔richten〕，強制法則〔Zwangsgesetze〕のもとへと入るよう各自が相互にみずから強いる〔sich unter Zwangsgesetze zu begeben einander selbst nöthigen〕ことで，法律が効力〔Kraft〕を持つような平和な状態〔Friedenszustand〕を必然的な結果としてもたらす〔herbeiführen müssen〕には，どのようにすればよいか，という課題なのである (8: 366).

カントはさらに，実在する不完全に組織された国家においても，対外的な振舞い〔äußeres Verhalten〕においては，内的な道徳性〔das Innere der Moralität〕を原因とするものではないとしても，法の理念〔Rechtsidee〕が命じることに非常に接近しているのが見られると，「永遠平和の保証」の国法に続く国際法の文脈で扱われる国家間の外交関係にも先取り的に触れたのち，括弧内の補足

説明として，「それはちょうど〔国法において〕道徳性からよい国家体制〔die gute Staatsverfassung〕〔が生じること〕を期待することはできず，むしろ逆に，よい国家体制があって初めて，ある民族の良好な道徳形成〔die gute moralische Bildung〕を期待することができるのと同様である」(8: 366) と述べ，国内法，国際法のいずれにおいても法の強制力，拘束力が道徳性とは独立に成立することを示唆している．この法の強制力，拘束力を，カントは次のように国内法と国際法（そして世界市民法）いずれにも通底する法の理念として簡潔に表現している．

> 自然の機構は，利己的な傾向性が自然的な仕方で相互にかつ外的に効力を及ぼすことを，理性の手段として利用することを通じて，法による命令という理性自身の目的とするところに余地を与え，国家自身の能力の範囲内で，内的および外的な平和を促進し保証することを可能にする〔der Mechanism der Natur [kann] durch selbstsüchtige Neigungen, die natürlicherweise einander auch äußerlich entgegen wirken, von der Vernunft zu einem Mittel gebraucht werden [...], dieser ihrem eigenen Zweck, der rechtlichen Vorschrift, Raum zu machen und hiemit auch, soviel an dem Staat selbst liegt, den inneren sowohl als äußeren Frieden zu befördern und zu sichern〕(8: 366f.).

前後の文脈から，ここで述べられる「利己的な傾向性〔selbstsüchtige Neigungen〕」は，まずは法律の命令に対する例外としてこれに背こうとする「私的な態度〔private Gesinnung〕」のことを指すが，私的な態度としての敵対〔Hostilität, Antagonism〕が「公的な振舞い〔öffentliches Verhalten〕」として表面化しないようにしつらえるのが，法の役割である．ここでカントは「自然の機構〔Mechanism der Natur〕」を持ち出し，理性でも道徳でもなく，まさに自然法則に従うかのように私的な敵対が抑制されるという見通しを描いている．この自然法則は単なる比喩表現ではない．実際にカントは，個人間の，また（国家を含む）集団間の敵対を鎮静化させる〈自然法則〉として「自然の機構」を論じているのである．それは「利己的な傾向性」に含まれる，敵対的な態度にくわえて示唆される，自己保存の本能と関連がある．

2-4 自由主義〈体制〔regime〕〉の思想基盤としてのカント？

　上述のカント定言命法および個人の自由の理念に基づく，消極的自由，積極的自由，そして民主的政治参加という，ドイルが示した三つの権利／法〔right〕に関しては，特に財産権や機会均等をめぐる消極的自由と自己実現をめぐる積極的自由との対立という形で，両立が困難となる場合がある．これは個人の自由〔individual freedom〕と社会秩序〔social order〕との関連にかかわる問題である．ドイルはこの問題への古典的な二つのアプローチ法として，「自由放任または『保守的な』自由主義〔laissez-faire or "conservative" liberalism〕」と「社会福祉または社会民主主義または『リベラルな』自由主義〔social welfare, or social democratic, or "liberal" liberalism〕」とを挙げる (Doyle, 1983: 207)．両者は異なる仕方で，三つの権利／法を併存させ，自由な個人を政治秩序へと組み込むことに成功しているという．

　現在でもリバタリアニズム，リベラリズム（さらにコミュニタリアニズム）の間の論争として形を変えて継続されている，この自由放任主義と社会民主主義それぞれのアプローチは，ドイルによれば，四つの基本的制度〔essential institutions〕への関与の仕方を共有しているという．それは①法の下の平等と，信仰の自由，出版の自由などの市民権，②代議制による立法機関に基づく，外交上の自立および内政上の民主的意思決定，③生産手段も含む私的財産権に基づく経済構造，④官僚制による統制ではなく，需要と供給の均衡による経済的決定〔economic decisions〕，である．

　ドイルは，これらの制度的基盤をもつ「自由主義的政治体制〔Liberal Regimes〕」が18世紀以来現在に至るまでいかに増大してきたかを，実証データに基づいて示す．そのうえで，これも実証データに基づいて，この自由主義的政治体制を採用している国々のあいだで紛争，戦争が起こりにくいことを立証しようとする．その際，ドイルは第一次世界大戦当時の米国大統領ウッドロー・ウィルソンの発言（「われわれの目標は，当時と同様現在においても，世界中の人びとの生活において平和と正義の原理〔principles of peace and justice〕を，利己的な専制権力〔selfish and autocratic power〕に対抗して，その

正当性を証明し，世界中の自治的で真に自由な諸国民の間で，そうした〔平和と正義の〕目的および行動の連鎖をもたらすことで，今後，これらの原理の遵守を確実なものとすることにある」(Doyle, 1983: 216)）を引用している．

　先述の自由主義的政治体制の四つの制度的基盤のうち，第一と第二は基本権と代議制民主主義に関する内容であり，第三と第四は市場経済に関する内容である．いずれの内容についても，ドイルはカント永遠平和論の確定条項と関連づけている (Doyle, 1983: 226)．第一確定条項は，代議制による政府と権力分立に基づく法の下の平等として説明される．特徴的であるのは第二，第三確定条項に関する説明で，第二確定条項については，「平和連合〔pacific union, カントでは Friedensbund (foedus pacificum)〕」が国家間の条約に制限され，それが「国家自身を保持し，戦争を防ぎながらつねに拡大する」という点が強調される．

　この「平和連合」の具体的内容についてカントは明確に述べていない以上，軍事同盟または安全保障条約という形での（敵対国を想定した）国家間連合もそのカテゴリーに収まる可能性は否定できないかもしれない．この点についてドイルは明言していないが，論文中の注において彼は「私が思うに，カントは自由主義体制間で〔among liberal regimes〕平和が形成され，新たな自由主義体制が登場するごとに〔as new liberal regimes appeared〕平和が拡大される，と考えていたのである．徐々に拡大するプロセスによって平和はグローバルとなり永続的〔perpetual〕なものとなる．非自由主義体制〔nonliberal regimes〕が消滅するたびごとに，非自由主義体制との戦争の機会は消滅する」(Doyle, 1983: 226) と述べている．特に最後の一文はまったくのトートロジーであり，しかも，自由主義体制と非自由主義体制との間に戦争が起こりやすいことを暗黙の前提としている．さらにここでは，「平和連合」とは実質上，「自由主義体制の連合」であると理解されている．冷戦下という特殊な状況を差し引いても，これはカントの「平和連合」の理念の誤解ではないだろうか．

　カントの第一確定条項と第二確定条項との関連は，共和制設立によって初めて平和連合が可能となる，という側面にだけ注目すべきではない．たしかにこういう側面は，カントの次の文章からも読み取ることができそうである．「啓蒙された強力な民族が（その本性上，永遠平和への傾向性をもつ）共和制

〔Republik〕を設立しうるならば，この共和国は他の諸国の連邦的結合の中心点〔Mittelpunkt der föderativen Vereinigung für andere Staaten〕となり，この共和国と連携して国際法の理念に従って諸国家間の平和状態を保証し，なおかつ，同種のさらなる連携を通じて〔durch mehrere Verbindungen dieser Art〕徐々に平和状態を拡張していくであろう」(8: 356). だがここでカントが「同種のさらなる連携を通じて」と述べている点に注目すべきである．カントは，特定の政体に限定して共和制を想定していたのではない．第一確定条項からも明らかなように，またドイルも的確に指摘しているように，共和制とは，代議制〔das representative System〕(8: 353) を中心とする個人の自由を尊重する政体，という程度の抽象的な規定にとどまる．ドイルの制度構想に即していえば，基本権において消極的な自由が中心をなすのは間違いないが，積極的な自由が入るか入らないか，また入るとすればどの範囲までか，については明確な答えを見出すのは難しい．極端に言えば，独裁〔Despotism〕すなわち立法権と執行権の非分離体制でさえなければ，実にさまざまな政治体制がこのなかに含まれる可能性もある．

　さらに，『永遠平和論』においては第一と第二の確定条項の論述上の順序から，共和制から平和連合へという論理的順序が想定されているかのようにも見える．しかし，同書以前の構想では，必ずしもこの論理的順序だけが想定されていたわけではない．本書1-4ではカントが1784年の「普遍史の構想」の第八命題において，国家政体の内的／外的完全性というかたちで，国内法と国際法とを表裏一体の法秩序と見なしていることを確認した．この論点に加えて，「普遍史の構想」の第七命題において，カントは「〔戦争による新たな国家間関係樹立の無益な試みを通じて〕最終的に，内政上は〔innerlich〕市民的立憲政体〔bürgerliche Verfassung〕の最大限可能な整備を通じて，あるいは外交上の協定または共同の立法〔eine gemeinschaftliche Verabredung und Gesetzgebung äußerlich〕を通じて，市民的共同体と同様の仕方で，自働機械のように自己自身を保持する状態を設立する〔ein Zustand errichtet wird, der, einem bürgerlichen gemeinen Wesen ähnlich, so wie ein Automat sich selbst erhalten kann〕ことになるであろう」(8: 25; 傍点は引用者) と述べている．内政上の共和制から外交上の平和連合へ，という単線経路ではなく，少なくとも両者の平行性を，さらには，

この文脈でカントが戦争を共和制樹立および平和連合締結への主要因と見なしていることから、角度を変えれば、戦争の惨禍を防ぐために体制の相違を超えて平和連合を樹立する可能性に言及しているとも解釈することができそうである。第二次世界大戦後の国際連合は基本的に、こうした体制の相違を超えた平和連合の試みであって、共和制樹立をはじめとする内政上の政治形態がいかにあるべきかを、直接的には何も述べていない。

2-5 世界市民法における個人の権利と商業平和論

先述のように (2-1)、フリードリヒは国連憲章における国籍、宗教、民族といった集団的帰属性を問わない個人の、個人としての権利の尊重を、カントの世界市民法の理念と合致するものだと解釈している。この点に鑑みると、国内法と国際法にくわえて、カントが抑制的ながらも世界市民法に言及したことの意味をあらためて考える必要がある。フリードリヒには見られなかった論点として、ドイルは、第三確定条項に基づいて、先述の積極的権利にも関連する経済の問題に言及している。

ドイルは、普遍的友好〔allgemeine Hospitalität〕、友好権〔Hospitalitätsrecht〕および訪問権〔Besuchsrecht〕としてカントによって制限された仕方で規定された世界市民法を (8: 357f.)、「外国勢力による征服と蹂躙の禁止」および「〔軍事力を背景にした半強制的な開港などによる〕貿易の強制義務づけなくして、自由主義的政体のもとで〔under liberal constitutions〕あらゆるケースにおいて自由な行為〔voluntary act〕としての、市民間の商品と思想の交換の機会を維持する責務」(Doyle, 1983: 227) として発展的に解釈している。これは、外交関係の悪化にもかかわらず、貿易を含む民間交流が維持されることによって、両国間関係の悪化に歯止めをかける役割が期待される場合、あるいは、近隣国であるために陸地や海洋や大気の環境または資源を一部〈共有〉せざるをえない場合などにおいて、当事国の各々の国民の個別利害を最大限重視する際に参照すべき観点となりうる。したがって、ドイルの「自由主義的政体のもとで

〔under liberal constitutions〕」という記載はここでも本来無用であり，体制を超えた個人の権利の確保という点が重視されるべきであろう．

　カント当時の時代を振り返ってみても，国際的な経済，文化交流を通じての平和構築の構想があった．その点にドイルは着目しており，たとえばモンテスキューの『法の精神〔De l'Esprit des lois〕』（1748年）第4部第20篇冒頭（モンテスキュー，1966: 277）における「商業は破壊的な偏見を癒す」「商業の自然的効果は平和にみちびくということである」という文を引用し，ここで述べられていること（「温和な習俗」）がリベラル平和論〔liberal paece〕の説明に役立つとしている（Doyle, 1983: 225）．

　モンテスキューは商業による習俗の堕落へのプラトンの苦情にも触れており，また，「人々が商業精神〔l'esprit de commerce〕のみによって動かされる国々〔オランダなど〕においては，あらゆる人間の行為も，あらゆる道徳的徳性も取引せられ，ごくわずかの事物も，また，人道が要求する事物もそこでは金銭とひきかえに行われ，またはあたえられる」，「この感情〔商業精神〕は一面において強盗行為に対立し，他面においては，人々をして自己の利益を必ずしも厳密には論ぜしめず，他人の利益のためにそれを無視しうるようにするあの道徳的徳性〔vertus morales〕とも対立する」と，商業精神の利害打算にとらわれた側面も指摘している．

　また，ドイルが注で指摘しているように，トマス・ペインも『人間の権利〔Rights of Man〕』（1791-92年）第2部第5章（ペイン，1971: 289）のなかで，「商業というものは，個人ばかりでなく，国民をも相互に役立たせることによって，人類を互いに兄弟のように親しくさせる働きをする平和的な制度〔a pacific system〕なのである」「最も効果のある手順は，人間の状態をその利害を通じて〔by means of his interest〕改善するそれなのである」「商業は，もしも商業として可能な限り広い範囲にわたって行動することが許されたならば，戦争制度を根絶し，未開の状態にある諸政府に革命を惹き起こさせるであろう．商業の発明は，これら政府がはじまってから後に見られたことであり，道徳的諸原理に直接由来しない〔not immediately flowing from moral principles〕どのような手段によってもいまだかつて成し遂げられたことのない，普遍的な文明に向かっての最大の前進〔the greatest approach towards universal civilization〕なのである」

と，商業の発展による平和な文明の拡大の歴史と将来的可能性に言及している．

　一般に経済制度は政治制度以上に，特に外国貿易の必要性から，国家間において共通する制度を構築することへの障壁が少ないと言える．モンテスキューの言う商業精神〔l'esprit de commerce〕の具体的内容の一つに，ペインの言う利害関心〔interest〕がある．この利害関心が，打算と結びついて損得勘定だけで物事を考え，一切の自己犠牲を否定する合理的エゴイストを生み出すことは，モンテスキューも指摘するとおり，プラトン以来の哲学の非難の的となってきた．カントについて言えば，彼はまさに「商業精神〔Handelseist〕」の語を用いて，ペインの言う「道徳的諸原理に直接由来しない〔not immediately flowing from moral principles〕」利害感情に平和構築への自然的推進力を見出そうとした．ここから，外国貿易と永遠平和をめぐるカント，フィヒテ，フリードリヒ・ゲンツの見解の違いも課題として浮上する．

2-6　フェルナンド・テソンにおける個人の規範的地位と革命権論

　冷戦終結後間もない1992年，フロリダ州立大学教授で人道的介入などに関する研究を行ってきた法哲学者，フェルナンド・テソン (Fernando Tesón) は，論文「カントの国際法理論〔The Kantian Theory of International Law〕」(Tesón, 1992) において，国際法〔international law〕と国内正義〔domestic justice〕とが根本的に結びついているという，カントが最初に主張したとされる見方を擁護している．従来，国際法学では国家の権利と義務に焦点が当てられ，国家の権利は，国内に居住する個人の権利と利害関心から派生したものにすぎないという考えが拒絶されてきたのだという．そこで，「個人の占める重要な規範的地位〔important normative status of the individual〕」を明らかにするのが，テソンの課題となる．

　テソンによれば，カントは「国際連携や国際組織の最初の提唱者ではないが，人権を国際法の基盤として最初に提起した人」(Tesón, 1992: 54n.) である．テソンは，「国際法のリベラル理論〔a liberal theory of international law〕」は〔古典的

国際法論の前提であった，国際法の主体として国家のみを想定する〕国家主義のアプローチ〔statist approach〕とは相いれない」(Tesón, 1992: 54) とし，カントに依拠しながら，この「リベラル国際法論」を「規範的個人主義〔normative individualism〕」に基づいて提起する．

テソンは，「国際的人権の命法のためのカント的論証〔Kantian arguments for the international human rights imperative〕」として以下の二点を挙げている (Tesón, 1992: 55)．

①国内の自由が国外での平和的振舞いに因果的に結びついている〔internal freedom at home is causally related to peaceful behavior abroad〕ことから，正義に適う民主諸国〔just, democratic states〕が国際的な共同体を形成することが，国際平和の最善の保証である．

②正義に適う市民社会は政治的調整の究極目的であるため，国際法は人権の尊重を要求するが，これに定言命法が加わることで，人権の論証の普遍性が根拠づけられる．これらによって，国際法が国益〔national interest〕や政府の権利など，国家主権の優先性に基づく諸観念にではなく，人権と個人の自律に結びつく．

テソンは，他の人びとの自由の共存を前提とする各人の幸福追求権として自由を規定するカントの議論を引き合いに出して，「この革新的命題〔法の支配の下での個人の自由と自律の尊重〕の重要性はどれだけ強調しても足りないくらいだ」(Tesón, 1992: 62) と述べている．そのうえで，このカントの自由概念を「国民国家への〔to〕〔積極的〕自由」ではなく「国民国家に対抗する〔against〕〔消極的〕自由」だとしている．テソンは別の箇所で，社会経済的権利として一般的に理解される積極的自由をカント哲学から読み取ることも可能だとし，その実例としてジョン・ロールズの正義論を挙げている (Tesón, 1992: 65n.)．ロールズが直接にカント哲学から正義原則（平等な自由，機会均等，格差原理）を導き出したかどうかについては疑問なしとしないが，ここでは立ち入らない．

他方，テソンは，人格の目的性に関する定言命法の定式に関連づける形で，『道徳の形而上学・徳論』における「同時に義務である目的〔die Zwecke, die zugleich Pflichten sind〕」としての「自己の完全性および他の人びとの幸福

〔Eigene Vollkommenheit - fremde Glückseligkeit〕」(6: 385) を引き合いに出して，「人格の尊厳を尊重することは，その人格の道徳的空間〔moral space; 道徳的自由の余地〕を尊重すること〔伝統的な市民的・政治的権利〕に加えて，適切な水準の物質的幸福を社会の全構成員に確保するために最善を尽くすことも要求する」(Tesón, 1992: 65) と述べている．これは定言命法から積極的自由への通路を開こうとする問題提起である．

　そして（この点についてはカントからは離れて）社会経済的権利を人間の能力の発展の条件でありかつ市民的政治的権利を十分に享受するための条件であるとして，国内法と国際法の両方によってそれが承認されなければならない，としたうえで，消極的権利と積極的権利との関係に関しては，カントに即して，自律的な人格が発展し得るための手段として社会経済的権利が要求されるのであって，社会経済的平等のために市民的・政治的権利を否定すること（圧政〔tyranny〕）は認められず，同意された強制手段のもとで，最大限の自律を確保すること，という原則が提起されている (Tesón, 1992: 65f.).

　テソンは，カント政治理論の「一つの弱点」として，「法への合理的忠誠に関する彼の命題は，革命権〔right to revolution〕に対する彼の激しい反対と両立させるのは困難であること」(Tesón, 1992: 67f.) を指摘する．革命および市民的不服従〔civil disobedience〕の否定は，カントの道徳理論〔個人の幸福追求権としての自由および自己立法・自律〕にも，また〔ルソーの影響下で〕カントが市民の常識的判断に寄せるようになった信頼にも反するという．革命権否定のカントの論拠として，テソンはカント自身の見解を踏まえて，①市民と政府との紛争を解決する法廷の不在，②革命による自然状態・無法状態の出現への懸念，③不当な体制を平和的手段によって自由主義的体制へと改革していく必要性，を挙げている．これに対しテソンは，権力の恣意的行使は「〔民意を政府に代表させる〕代理人契約〔agency contract〕」(Tesón, 1992: 68) への違反である以上，これに対して抵抗する権利が市民には備わるということは，自由主義的政治理論から必然的に導き出されるとして，ジョン・ロックに代表される抵抗権思想を擁護する．

　カントの革命権・抵抗権否定の論理は，「法〔Recht〕」または「法則〔Gesetz〕」の客観的実在性に関する彼の確信[(4)]に由来すると思われる．幸福追求そのもの

を道徳法則または法の法則の根拠としないことは[5]，正義ないし公正性を中心に据えた彼の道徳観念を徹底させた表現である．理性の自律がカント道徳哲学の核心部にあることを踏まえると，個人の幸福追求権は，それ自体の（手段を問わない）貫徹という法／権利〔Recht〕の主観的側面を中心理念としているのではなく，各人の自律の領域への外部からの〈不干渉〉〈不介入〉，および共同の自己立法による自由の〈共存〉という法／権利〔Recht〕の客観的側面にこそカントの主眼はあると考えることができる．個人の自由の貫徹よりも共同体内の個人の自由の共存が彼の主眼であるとすれば，革命権・抵抗権の否定は実はなんら不自然な結論ではないのである．

　ただし，カントが立法権と執行権の分立を共和制の規定事項の中心に据えた以上，司法権の独立も念頭に置かれなければならないはずである．その場合，市民と政府との紛争を裁く法廷が存在しないという議論は，原則的には成り立たない．もちろん，政府の「代理人契約」違反を追及する手段として，デモ集会などさまざまな手段による抵抗運動に始まり，法廷闘争を経て，暴力的手段による革命にまで至る，想定されるさまざまな抵抗手段のうち，何が許容され何が許容され得ないかについては当然，議論の余地がある．

　このように考えるなら，テソンによるカントの抵抗権・革命権否定が不整合を来しているとの指摘は額面通りに受け入れることはできない．とはいえ，抵抗権の占める位置がカントの場合，公職から離れた立場での（世界市民社会〔Weltbürgergesellschaft〕の成員としての立場からの (8: 37)）自由な発言（「筆の自由〔Freiheit der Feder〕」(8: 304)）に制限されていることは，カント法・政治哲学全体の整合性に照らしても問題があると言えよう．カントは主権者（国家元首）が臣民に対して法に従わせる権利のみを持ち，強制力を伴う義務を持たないとしており，かりに主権者の組織体（統治者）が法に背く行為を行ったとしても，臣民は「公然と意見〔Meinung〕を述べる」(8: 304) ことは許されるとしても，抵抗することは許されないという．この点は現在の立憲主義の観点から大きくかけ離れている．問題は，ただ単に（世界市民としての立場から）「意見を述べる」ことにとどまらず，正当な「抵抗」手段の一つとして表明される「意見」に，政府の行動を改めさせるための実効力を与えるための法手続き（現在で言えば，地方自治におけるリコールや公益通報者保護制度などが含まれよ

う）はどのようなものであり，これをどのように整備していけばよいか，という ことなのである.

　テソンは，こうした原理上の問題には立ち入ることなく，「圧政に抵抗する 権利〔right to resist tyranny〕」が国際法の要をなすとして，カント政治哲学の 限界を克服（あるいはその不整合を是正）しようとする．ここで彼は「もし 市民が圧政に抵抗する権利をもたないならば，外国人であればなおのこと〔a fortiori〕，たとえ非強制的な仕方であっても，専制に対抗する努力を援助する ことはできない」(Tesón, 1992: 68) として，内政不干渉の原理と抵抗権の制限 または否定とを表裏一体のものとして捉える．この点もカントが，個人の自由 （および特に法の下での自由の共存）を国内法だけでなく，国際法および世界 市民法のいずれのレベルでも貫徹されるべき実践理性の原理としながらも（ま たホッブズとロックの抵抗権に関する議論を熟知しながらも），見落としてい た論点であると言ってよい.

　たしかに「人道的介入〔humanitarian intervention〕が擁護されるのは，革命 権の必然的帰結としてなのである」(Tesón, 1992: 68) というテソンの主張は一 見したところ，納得のいくものである．しかし，子細に考察すれば分かること だが，国内の抵抗権・革命権を認めればたしかに人道的介入も容易とはなり うるが，抵抗権・革命権を認めなければ人道的介入が認められないと考えると すれば，それはむしろ逆に，テソン自身が論駁しようとしているはずの，国際 政治論において自由主義〔liberalism〕の対極にある国家主義〔statism〕の前提 を承認することになりはしないだろうか．なぜなら，抵抗権・革命権を人道的 介入のために不可欠と考える場合には，同時に，国境の障壁と特定の国家体制 とが人道的介入に立ちはだかり後者を不可能にするということが暗黙の前提と なっているからである.

　だが，人びとを圧政から守り，その人権を擁護するためには，難民救済や民 間援助，さらには最近では SNS を通じて国際社会に対して現地での訴えを拡 散したり問題解決を促したりするなど，さまざまな手段がある（これらを「人 道的介入」と呼ぶことができるかどうかは別問題であるが）．これらはいずれ も，抵抗権・革命権なしに可能である．抵抗権・革命権というのは，国内で の政権転覆を想定したものといえるが，これを人道的介入に結びつけるロジッ

クは，容易に，国内の政権転覆を外部勢力がいわば〈肩代わり〉するというロ
ジックと結びつきやすい．かりに，人道的介入の名の下で行われる軍事介入に
限定して，これをカントの議論（のやや強引な解釈）によって裏づけるような
ことがあるとすれば，それは適切とは言えない[6]．

2-7 〔補足〕便利なプラットフォームとしてのカント？

　カナダ・ヒューロン大学 (Huron University) の政治哲学者マーク・F・N・フ
ランケ (Mark F. N. Franke) は，2001年に出版された著作『グローバルな限界：
イマヌエル・カント，国際関係論，世界政治の批判〔Global Limits : Immanuel
Kant, International Relations, and Critique of World Politics〕』において，米国の政
治哲学または国際関係論におけるカント解釈の系譜を丹念にたどった結果，次
のように，国際関係論におけるカント哲学の援用について苦言を呈している．

　　カントの著作が国際政治学研究にもたらした理論的論争を尊重し，またこれ
　に実質的な仕方で反応を示すのではなく，国際関係論の研究者らは，まるでカ
　ントの近代思想への貢献が，何か完全なプラットフォームのようなものを提供
　していて，そこから国際的なもの全般に関する適切な世界観，理論，説明およ
　び認識を構築することができるかのように，自身の議論を展開している (Franke,
　2001: 2).

　国際関係論におけるカントの援用は，カント哲学そのものへの批判的な取り
組みを欠いたならば，それ自身不完全なものにとどまる．これがフランケの主
張である．ここではその全体を網羅することはできないが，ここまで扱ってき
たカントへの代表的なアプローチについてのフランケのコメントを確認してお
こう．
　まず，カール・ヨアヒム・フリードリヒについては，フランケによれば，彼
はカントの国際関係論への貢献の可能性を熱烈に説いた初期の世代の研究者に

属するという (Franke, 2001: 39). もっとも，著作の中でフリードリヒについて
は数度言及されるものの，フリードリヒの主張，とりわけ国際連合憲章におけ
る個人の自由・権利とカントの道徳・法の原理との関連についての立ち入った
言及はない.

　言及の頻度が高いのは，マイケル・W・ドイルである. フランケによれば，
ドイルは「平和な世界秩序が可能となるのは，自由主義的政体〔liberal political
bodies〕の拡大によってである，という一般的命題を，実証データによって具
体化した」点において，「カントにおける平和への希望を民主的規範の支持と
結びつける発想を，最も明確に根拠づけている」(Franke, 2001: 46) という. さ
らに，自由主義諸国は戦争に向かう傾向が少ないということの理由を理解する
うえで最も的確な指針を与えているのはカントだと，ドイルは考えているとい
う (Franke, 2001: 47).

　フェルナンド・テソンの研究もフランケは詳細に検討している. フランケに
よれば，テソンは「国際法に対するカントの思想の重要性を再考する，最も傑
出しかつ強力な試み」(Franke, 2001: 55) を行っているという. テソンの説いて
いる国家に対する個人の優先性について，フランケは，この議論が国家から個
人への知的関心の移行を最も強力に反映しているとコメントする. その一方で，
テソンの議論が，自由主義的に定義された人権を，非自由主義の国々において
保証するための介入を正当化するためにカントの議論を利用するものとなっ
ているという点について，カリフォルニア大学の政治学者シシリア・リンチ
(Cecelia Lynch) が批判的にコメントしているが，この点もフランケは取り上げ
ている.

注

(1)　フリードリヒは *Zum ewigen Frieden* を彼自身の手による翻訳文のタイトルとしてはたんに *Eternal*
　　Peace（永遠の平和）とし，自身による序文のなかでは *On Eternal Peace*（永遠の平和について）と
　　している. フリードリヒは，国連憲章とカント平和論に関する 1947 年の論文においては *Essay on*
　　Eternal Peace（永遠の平和についての論説）ともしており (Friedrich, 1947: 10)，さらにドイツ語の

zum が特定の考えや着想に注意を促す際にも用いられることから，*Concerning Eternal Peace*（永遠の平和に関して）あたりが最もカントの意図に近いのではないか，と述べている (Friedrich, 1947: 17)．本書ではこうした指摘もふまえて，『永遠平和論』と訳しておくことにする．なお，通常，『永遠平和論』の英訳書では ewig の訳語として eternal ではなく perpetual が用いられるが，フリードリヒは，同書のタイトルが「最も気取らない形」をとっているにもかかわらず，ewig という語には非常に挑戦的なニュアンスが込められているとしている (Friedrich, 1947: 16)．一定時間内の持続性を意味する場合に用いられる perpetual よりも時間・空間を超えた永続性を意味する eternal の方を用いた理由はそこにあるようだ．

(2) カントの『実用的見地における人間学』においては，これらに加えて「強制を欠いた法と自由は無政府状態である」「自由と法を伴う強制は共和制である」という二つの定式が提示されている (7: 330f.)．

(3) 「これら〔自由と法とを結びつけて世界規模の平和維持体制を構築すべきであるとのカントの主張〕は〔それが生前最後の公刊書であった『実用的見地における人間学』末尾の主張であったことから〕カントが最後に残した言葉である．これらの言葉を読むとおそらく，第二次世界大戦後のこの数年間〔の世界情勢に鑑みて〕，アメリカ人または世界中の平和を愛するすべての個人〔an American or any other freedom-loving individual throughout the world〕は，やりきれない思い〔peculiar poignancy〕に襲われることだろう．〔カントが構想したような〕世界規模の共同社会〔the world community〕を組織することに，はたしてわれわれは成功するのだろうか，それとも失敗するのだろうか」(Kant, 1949: xliii)．

(4) 「〔法の貫徹される公民的政体〔eine bürgerliche, mithin durchgängig rechtliche Verfassung〕を樹立するための根源的契約〔ein ursprünglicher Contract〕を歴史的事実として想定する必要はないものの〕根源的契約は純粋な理性理念であり，なおかつ疑い得ない（実践的）実在性〔unbezweifelte (praktische) Realität〕を有する．すなわちこの契約は，国民全体の統合された意志〔der vereinigte Wille eines ganzen Volks〕に法則が由来すると見なしうるように，法則を与えるよう各々の立法者を義務づける．そして各々の臣民〔Unterthan〕は，その臣民が公民〔Bürger〕であることを望む限り，この統合された意志に同意を与えたものと見なさなければならない．まさにこのことが，あらゆる公共の法律の合法性〔Rechtmäßigkeit eines jeden öffentlichen Gesetzes〕の試金石である」(8: 297)．

なお，ディーター・ヘンリッヒ (Dieter Henrich) の指摘によれば，カントはフランス革命以後，それ以前に認めていた抵抗権を否認するようになったが，その理由はプロイセン政府への配慮ではなく，「理論と実践」論文を準備中に，主権の不可分性と，政体を変更する権限を国民に認める国政の自己矛盾とに思い至ったためであるという (Kant/Gentz/Rehburg, 1967: 28)．この立場変更には，カント政治理論の道徳哲学的基礎の一端が見られる．カントの道徳哲学は，無矛盾性をその論証部分の核としているからである．

(5) 「主権者〔Souverän〕は自分の考えるような仕方で国民を幸福にしようとして専制君主〔Despot〕となり，国民は自分たちの幸福への一般的 – 人間的要求〔der allgemeine menschliche Anspruch auf eigene Glückseligkeit〕が取り去られるのを拒もうとして暴徒〔Rebell〕となる」(8: 302)．

(6) テソンのようにカントの議論を批判的に検討することによって人道的介入の正当性を導き出すのであれば，個人の権利の絶対性と国家主権の尊重との関連，抵抗権・革命権と内政不干渉，といった原理的 – 規範的課題に向き合うことで生産的な議論が展開されうる．これに対し，こうした原理的 – 規範的課題の検討を経ずして直截的に人道的介入を，それも軍事介入を主たる内容とする介入を正当化する議論においては，国際法の効力を早々に見限って，個別国家の，または同盟関係を中心とするリベラルデモクラシー陣営の連合体の，介入への倫理的または道徳的な自己権限

付与〔self-empowerment/Selbstbemächtigung〕が中心論点とされることになる．タイプを異にするこの立場の代表格としてマイケル・ウォルツァーおよびアレン・ブキャナンの議論がある．両者へのマティアス・ルッツ＝バッハマンによる規範的観点からの批判として (Lutz-Bachmann, 2009) を参照．「われわれが直面する，国際公法と国際政治秩序へのさまざまな挑戦は，単一国家の手に握られている軍事力の使用に対する，自己矛盾的な法的許容によるものでも，自己権限付与によるものでもなく，強力でグローバルな国際法の民主的体制と，法の支配のもとにあり，適切な手続きとグローバルな機構によって制御された，より効果的な政治制度の構築によってのみ克服されるのでなければならないし，またそうすることが可能である」(Lutz-Bachmann, 2009: 268)．

(7) 「フェルナンド・テソンは，カントの自由主義的解釈を『デモクラシー平和論〔democratic peace〕』の文献からの知見と明確に結びつけて，自由主義諸国の主権のみを考慮に入れる原理に基づいて国際法論を構築するという方向の議論を進めようとしている．このことに基づいて，彼は非自由主義諸国における〔人道的〕介入を正当化するのである．だが，カントの歴史に関する記述をより包括的な視野から見るならば，この解釈は疑わしい」(Lynch, 1994: 46)．

第3章

カントの商業平和論

3-1 利己心の相互抑制による平和構築・維持

　利己心の相互抑制が態度の上での敵対状態を振舞いとして表面化させないことで，理性法の要求を道徳なしで結果的に満たすこと．この見通しは，『永遠平和論』以外のテキストのさまざまな箇所で述べられている．年代順にいくつかの例をみていくと，まず，1784年の「世界市民的意図における普遍史の構想」の第四命題 (8: 20-22) において，カントは「非社交的社交性〔ungesellige Geselligkeit〕」の概念を用いて，敵対状態〔Antagonism〕と平和・友好状態とが拮抗するなかで結果として後者に帰着する様子を描いている．

　ここでは，敵対状態が孤立化すること〔vereinzelen〕と結びつけられ，我が意のままに事を進めて他人よりも秀でた立場に立とうとすることで，結果として各人の自然素質〔Naturanlage〕が発達するとして，客観的見地から見た場合に利己心が肯定的側面をもつことにも言及されているのが特徴である．そして，そもそもこの「敵対」「非社交性」と対をなす「社交性〔Geselligkeit〕」の根拠も，カントによれば「このような〔社交性の〕状態においては，自分の自然素質が伸ばされるために，人はより人間らしくなれると感じる」(8: 20f.) こと，つまり，他の人びととそれぞれ作業を分担しつつ協働すること，あるいはライバル同士が競い合いながら〈切磋琢磨〉すること，などに典型的に現れる利害関心の相乗効果に求められている．

　このように，利己心における利害関心という側面に，カントは明確に言及している．敵対し相手を否定しようとする態度がお互いを滅ぼし合う危険をもたらすことから，彼は，各人の自己保存を相互に保証する根拠を，利己心の敵対以外のもう一つの要素である利害関心に求めている．ここでもカントは次のように明白に，利己心（敵対と利害関心）に基づく法的強制を，理性に基づく道徳性よりも優先させている．

　　こうして，粗野な状態から人間社会の価値〔der gesellschaftliche Werth des Menschen〕によって成り立つ文化への第一歩が踏み出される．こうして，あらゆる才能が徐々に伸ばされ，趣味が形成され，啓蒙の継続によってある考え方

〔Denkungsart〕の基礎が築かれて，それによって，道徳的な〔善悪の〕区別について の粗野な自然素質〔die grobe Naturanlage zur sittlichen Unterscheidung〕を時とともに特定の実践的諸原理〔bestimmte praktische Principien〕へと変え，情動論理的に強制された〔他の人びととの〕社会への一致共同を，最終的に道徳的法則へと変える〔eine pathologisch=abgedrungene Zusammenstimmung zu einer Gesellschaft endlich in ein moralisches Ganze verwandeln〕ことが可能となる (8: 21).

ここで用いられている pathologisch という語は，通常，病理学〔pathology〕と結びつけられて「病的な」「異常な」と訳されるが，ここでは，実践理性とは異なる心理機制を言い表す語として，暫定的に「情動論理」（パトスとロゴスの合成語）と理解しておきたい．そしてその具体的な内容は，一つには，カントがこの「普遍史の構想」において，また『永遠平和論』において言及したように，利己心（孤立化・敵対と利害関心）の働きにより，不和〔Zwietracht〕を通じて他の人びととの和合〔Eintracht〕に至ること$^{(1)}$，である．この人間に固有の，私的態度と公的振舞いとの不一致の状況は，「理論と実践」（1793年）(8: 273-312) においてはさらに自然法則としての側面が強調された形で言及される．

3-2 カントの「法則〔Gesetz〕」概念

「理論と実践」は，全体としては，道徳法則または理性法の幸福原理に対する優先性を，あるいはもっと一般的に言えば，実践領域における，経験的原理に対する理性原理の優先性を，カントの定言命法を中心とする道徳原理に基づいて証明することを主眼としている．そのため，フリードリヒが指摘した「自由と法」の相関関係を明らかにするためにも，また，ここまで述べてきた利己心と法秩序との関連を明らかにするためにも，重要な示唆を同論文は提起している．

これに加えて，同論文末尾においてカントが歴史の進歩を論じ，『永遠平和論』であらためて論じられる国家間の法的体制の成立過程にも言及しているこ

とは，この歴史哲学的側面が後の『道徳の形而上学・法論』にはほぼ完全に抜け落ちていることからも，歴史過程のなかでの法的体制の生成発展という観点から，重要な意味を持つと考えられる．特に，利己心（孤立化・対立と利害関心）が法秩序形成に大きな役割を果たし，その場合に法秩序が自然法則としての側面をもつという問題が，ここではあらためてカント本来の理性法の光で照射されることで，利己心，自由，法の関連を見るためのより詳細な論点が提起されることになる．

　そもそも「理論と実践」という場合の「理論〔Theorie〕」とは，カントにおいては「法則〔Gesetz〕」とほぼ同義であることに留意したい．これは，理論が，実践からかけ離れた〈空理空論〉ではなく，実践を内側から支える内在的な論理であることを意味する．この実践を支える内在的論理をどこまで自覚するかに，人間の利己心，自由，法の複雑な関連を解き明かす鍵があると見てよいであろう．

　カントにとっては，医師が患者の治療に当たって拠り所とする医学理論（人体の健康に関する法則），あるいは農学者〔Landwirth〕または官房学者〔Camealist; 神聖ローマ帝国の絶対主義的行財政論の学者〕が経済政策の立案に際して拠り所とする経済理論（国富形成の理論）は，日々の実践においてわれわれが拠り所とする道徳理論と類比的な関係にある（同次元だという意味ではない）(8: 275)．その意味で，日常の実践の場面において道徳理論を「役に立たない」と切り捨てることは，カントに言わせれば[2]，経験のみに頼る医療実践，市場動向や戦争などをめぐる政府の恣意的意向に左右された行き当たりばったりの財政政策立案を認めるのに似ていることになる．

　仮に行為に内在する論理を取り出すのが実践における理論構築であるとすれば，その行為が道具的行為や戦略的行為のように目的のための手段を適切に調達する振る舞いであっても，また，規範規制的行為やコミュニケーション的行為のように合意形成による社会的行為の規制や価値評価，あるいは合意形成そのものを目指す振る舞いであっても[3]，実践にはつねに理論構築が伴うことになる．

　問題となるのは，日常的なコミュニケーションにおいても，また国家間の外交軍事行動においても，道徳的・倫理的・法的規範が明確な理論として確立さ

れていない場面が多くあること，あるいは仮に既存の道徳規範や国内法・国際法によって行為を規制することが可能であるとしても，プライバシーに関わる領域において典型的であるように，拘束力や強制力をもつ規範，あるいは規範を強制する機関が存在しないために，事実上，当事者の裁量に委ねられているようなケースがあることである．

　カントはプライバシーに関わる領域については『道徳の形而上学・徳論』において，愛，または友情に関する内容を扱っており，これらに関連して褒賞や名声を求めない善行について語っているし，また，虚偽の禁止 (8: 423-430) については個人間の信頼関係の絶対性を述べているという側面もある．プライバシーは個人間の秘められた領域も含め，裁量の余地が相当大きいと考えられる．一方，国際関係においても当事者とりわけ国家元首らの裁量の余地は大きいが，このような場面においてこそカントの考察が本領を発揮すると言ってよい．そして既存の国際法がしばしば機能不全に陥る場合においてこそ，カントの利己心，自由，法をめぐる考察が有効性を発揮する可能性がある．

　「理論と実践」においては，道徳，国内法，国際法の三点にわたって理論と実践との関係が論じられている．道徳に関しては，幸福原理の扱いが焦点となる．カントによれば，道徳が（特に正義の実現という観点において）幸福とは別の次元にあるという点が最も重要である．カントは次のように述べている．

　　私は道徳を，暫定的に，いかにして幸福になるべきか，ではなく，いかにして幸福に値するようになる〔der Glückseligkeit würdig werden〕べきかを教える学問であると〔『実践理性批判』において〕説明した．その際に私は，人は義務遵守に際して，自分の自然的目的〔sein natürlicher Zweck〕である幸福を断念しなければならないということが求められているわけではない，という注釈を加えるのを怠らなかった．というのは，有限な理性的存在者〔endliches vernünftiges Wesen〕の常として，人には幸福の断念は不可能であるからである．そうではなく，人は，義務の命令が問題となる場合には，幸福の観点を完全に捨象する〔gänzlich von dieser Rücksicht abstrahiren〕ことが必要であること，幸福の観点を，理性によって命じられた法則を遵守するための条件〔Bedingung der Befolgung des ihm durch die Vernunft vorgeschriebenen Gesetzes〕としてはならないということを私は述べたのである (8: 278f.).

幸福原理と道徳原理とのこのような区別は，後者の法則としての客観的実在
性にも関連する．周知のように功利主義者は両者の一致を前提とするが，カン
トは幸福原理をそれ自体としては否定することなく，なおかつこれとは異なる
次元で道徳法則が成り立つと考えている．この論点を，先述の「利己心，自由，
法」の問題と関連づけるならば，孤立化し対立し，かつ利害関心を通じて共通
の法に従うと想定されている各々の個人（または国際関係における各々の国家
／元首）は，各々の利害関心（幸福追求）が衝突するのを避け，それらが両立
するよう，各々の主観的着想によってではなく，客観的な法則によって統制さ
れる．この客観的法則は利害関心の衝突と均衡という観点からはまさに自然法
則であり，これを意図的な立法の所産と見なす場合においてはじめて道徳法則
となる．

　道徳が幸福原理から独立し，主観的状態とは異なる客観的実在性を有するの
と同様に，国法もまた幸福原理からは独立している．カントは次のように述べ
る．

　　外的な法一般の概念〔der Begriff eines äußeren Rechts überhaupt〕は，人間
　相互の間の外的な関係における自由の概念〔der Begriff der Freiheit im äußeren
　Verhältnisse der Menschen zu einander〕から導き出され，すべての人びとが自然
　的な仕方で有する目的（幸福への意図〔Absicht auf Glückseligkeit〕），および幸
　福を手に入れるための手段の指図とは何の関係もない．つまり，目的は〔法
　の〕法則に，その法則の条件として混入させてはならない．法は，各人の自由
　を，万人の自由と共存させるための条件へと，この共存が普遍的な法則に従っ
　て可能である限りにおいて，制限することである〔*Recht* ist die Einschränkung der
　Freiheit eines jeden auf die Bedingung ihrer Zusammenstimmung mit der Freiheit von
　jedermann, in so fern diese nach einem allgemeinen Gesetze möglich ist〕(8: 289f.).

　カントにおいては，道徳法則と法の法則の，幸福原理からの独立性は自明で
ある．それと同時に，法の法則においては，個人の自由（の共存）が明白に法
の目的として含意されている．この点において，第2章で見たように，フリー
ドリヒが，また彼以降の米国の政治哲学者が，個人の自由を政治体制の中心

に据えたのは，ひとまずはカントの意図に沿った解釈であったと言ってよい．実際，カントは自由を「共同社会の体制原理〔Princip für die Constitution eines gemeinen Wesens〕」として提示し，その定式を「誰も，こうすれば人は幸福になれるだろうとその人が考えるような仕方で，他の人を幸福にすべく無理強いすることはできないのであって，各人は，自分自身が望むような仕方で，自分の幸福を追求することができる．ただしその場合，同様の〔幸福獲得の〕目的を追求する自由を，その自由が普遍的な法則に従って万人の自由と共存し得る限りにおいて，侵害することはできない」(8: 290) としている．パターナリズム批判の意図は明白である[6]．

3-3　カントにおける普遍的な法と自由

　注意しなければならないことは，カントがここで「人間としての自由」(8: 290) の原理について語っているということである．彼は決して〈自由な国家における権利〉を主題として扱わない．彼が扱うのはただ，あらゆる経験的条件，または歴史的条件を捨象して得られる，人間一般の自由であり，また複数の人びとの間での自由の共存を図るための法である．カントの革命権批判はおそらくこの文脈で理解すべきである．フリードリヒもドイルも，カントを市民革命の哲学者に位置づけており，先に述べたように，テソンはカントの革命権・抵抗権批判を彼の政治哲学原理に抵触するとさえ述べている．しかし，彼はフランス革命以後の共和制にも，当時のプロイセンの君主制にも，自身の思想と完全に合致する国家政体は見出していない．カントは理性法の観点から，西欧だけでなく，世界全体を包含する普遍的な法と自由の実現を念頭に置いていた．
　フリードリヒの言うように，カントの構想は，特に国籍，民族，宗教等の相違を超えた人類一般の法を目指すものであった点において，国連憲章の精神に近い．このことは，リベラルデモクラシー陣営のイデオロギーではなく，体制を超えた普遍的な法の支配がカントの主眼であったという意味において理解しなければならない．そしてこれはまさに歴史のなかで人類全体として引き受け，

実現に向けて不断に努力すべき課題である.

　その点においてこそ,「理論と実践」の本論第三部において, カントが, 永遠平和のための国家間連合という, のちに『永遠平和論』において具体的に展開される構想を, 歴史進歩の問題と結びつけて論じたことの意味を見出すことができる. 付言すれば,「普遍史の構想」において明記されている通り, 歴史進歩の主体は個人である以上に人類全体である (8: 18).

　カントの法〔Recht〕(および法則〔Gesetz〕) が, 個人道徳と国法とにおいて通底する, 経験的条件と主観的願望 (幸福追求) とを度外視した客観的実在性を有することについてはすでに述べた. ともすればここから, カントがホッブズとともに革命権を否定し, かつ, 彼がホッブズに抗して擁護したのがほぼ, 良心の自由, パターナリズム批判といった「消極的自由」であり, 自由を実質的に確保し実現するための, 社会経済的権利を中心とする「積極的自由」には彼は言及していないことから, カント哲学の矛盾や限界が指摘されることにもなる.

　だが, それよりも重要なことは, カントが,「人類 (人間性；Menschheit)」と「法」の理念に, われわれが想像する以上に重要な意味を見出していた, ということである. カントが定言命法の人格目的性の定式において述べていたことは,「自分と他のすべての人びととの人格における人間性」を「単に手段としてではなく, 同時に目的として扱う」こと〔„Handle so, daß du die Menschheit sowohl in deiner Person, als in der Person eines jeden andern jederzeit zugleich als Zweck, niemals bloß als Mittel brauchst"〕(4: 429) である. これを素直に理解すれば, カントが目的として重視していたのは, 個人一人一人であるよりはむしろ, 個人的, 民族的, 人種的, 等々の相違を度外視しすべての個人に共通に備わる「人間性〔Menschheit〕」である. この人間性／人類の法則として彼が念頭に置いていたのが, 道徳法則であり, また法の法則なのである.

　これらの法則に関連して, カントは, 道徳法則において自然法則と同様の普遍妥当性を求めることで〔„[H]andle so, als ob die Maxime deiner Handlung durch deinen Willen zum allgemeinen *Naturgesetze* werden sollte."〕(4: 421; 強調は引用者), 人間の恣意的意図による道徳原理の基礎づけを除外しようとしていた. さらに, 法の法則において中心を占める「自由の共存」の理念も, 抽象的にではな

く，「作用と反作用の相同性」として，きわめて具体的に理解されていた[7]．「情動論理」の作用が法秩序を発生させ維持させることで，理性の作用を補完することになるという，「普遍史の構想」から『永遠平和論』へと受け継がれる平和の確立・保証の構想がここにも現れているのである．そこであらためて自由，法，および利己心を含む「自然」それぞれの関連性が課題として浮上する．

　ここではしかし，これまでも述べてきた，利己心（孤立・対立と利害関心）と自由，法，の三者の関連が，「非社交的社交性」「自由の共存」「幸福追求権としての自由」「パターナリズム批判」等の概念構成によって表現されていることを確認するにとどめたい．そして，特に利己心の位置づけをめぐって，それが理性，道徳を直接の媒介者とすることなく，「自然」の導き手によって，法の下での自由の共存へと向かうという構想をカントが描き出していることに関連して，『永遠平和論』を中心に若干触れられている，カントにおける国際経済秩序の倫理への展望が開けてくる．

3-4　カントにおける商業平和論と自然目的論

　カントは『永遠平和論』において，外国貿易を中心とする商業について両義的な立場を表明している．すなわち一方において彼は，同書の「第三確定条項」において，「普遍的友好〔allgemeine Hospitalität〕」すなわち地球上のあらゆる地への外国人としての「訪問権〔Besuchsrecht〕」を世界市民法〔Weltbürgerrecht〕の唯一の内容として提示したのち，この「友好」に反する，いわば「訪問権」の濫用もしくは端的な誤用に当たるケースとして，「商業を営んでいる国々の非友好的な振舞い〔das inhospitale Betragen der gesitteten, vornehmlich handeltreibenden Staaten〕」(8: 358) を挙げ，その例として西欧先進諸国のアメリカ，アフリカ〔黒人諸国 Negerländer〕，香料諸島〔Gewürzinseln; モルッカ諸島〕，喜望峰，「東インド」における植民地支配を指摘している．この植民地支配は，「海外の諸国と人民を訪問することを，それらを支配することと同一視」し，「現地住民を無に等しいものと見なして」「誰にも属さない

土地」であるかのように「発見」したと主張し，強権支配によって戦争，飢餓，反乱，等を引き起こす「不正義〔Ungerechtigkeit〕」において極まる (8: 358)．これに対し，序論でも述べたように，カントは植民地支配を斥けた中国および日本の貿易統制策を「賢明〔weislich〕」であったと評し，さらに，植民地支配そのものを（とりわけ苛烈な奴隷支配を伴ったカリブ海の「砂糖諸島〔Zuckerinseln〕」について）「貿易会社は破綻寸前で，貿易も実質的な利益を上げることはなく，ただ戦争用の船乗り〔奴隷労働者〕を養成してヨーロッパに新たな戦争をもたらした」だけであると酷評している (8: 359)．

　しかし他方において，カントは「確定条項」につづく「第一補論　永遠平和の保証について〔Erster Zusatz. Von der Garantie des ewigen Friedens〕」においては，人間同士の不和対立が人間の能力を引き上げ，結果としてより高次の友好関係が生じるという主張を，確定条項の国内法，諸国民法（国際法），世界市民法の各項目に則して展開している．これは1784年の論文「普遍史の構想」においてカントが論じた「非社交的社交性〔ungesellige Geselligkeit〕」論の再論であり，またこれに『判断力批判』（1790年）における目的論的判断力の議論を改変しつつ加えたものだと位置づけることができる(8)．

　実際カントは，この不和を通じての友好関係の発生・確立，または永遠平和を「保証」するとされる自然の機構に関する問いを，「人間理性が人間自身に対して義務として課した目的に関して，人間の道徳的意図に有利となるように自然が何を行うか，また，人間が自由の法則に従って行うべきであるが，実際には行ってはいないことを，いかに自然が，この〔人間の〕自由を毀損することなくして，なおかつ自然の強制によって人間が確実に行うということを保証するか」という問いとして定式化している (8: 365)．またカントは，第一補論冒頭に付された長文の注において，自然目的論の概要に触れながら，摂理〔Vorsehung〕ではなく，自然の，それも認識対象としての自然の因果関係ではなく，実践的必然性の観点からの「信仰／信念〔Glauben〕」の対象としての自然の作用に触れている．

　　道徳的・実践的観点（したがってそれはまったく超感性的なものへと方向づけられているのだが），たとえば，われわれの態度が真正のものである場合に

かぎり，われわれ自身の正義に欠けたところがあるのを神が，われわれ自身には把握しがたい手段を用いてさえも，補完するのだから，われわれとしては善を実現する努力において何一つ怠ってはならない，という信仰／信念においては，〔人間の営為を助けるための〕神の伴走という概念はまさにふさわしく必然的でさえある〔... in moralisch=praktischer Absicht (die also ganz aufs Übersinnliche gerichtet ist), z.B. in dem Glauben, daß Gott den Mangel unserer eigenen Gerechtigkeit, wenn nur unsere Gesinnung ächt war, auch durch uns unbegreifliche Mittel ergänzen werde, wir also in der Bestrebung zum Guten nichts nachlassen sollen, ist der Begriff des göttlichen concursus ganz schicklich und sogar nothwendig.〕(8: 361, Anm.).

　自然目的論のこのような，つまり，『判断力批判』で主題とされた，客観的な自然認識を補完する発見法的原理または統制的原理ではなく，善・正義または永遠平和の実現という実践的意図の補完作用としての自然の作用という用法が，カント哲学の他の箇所において用いられているのかどうかは明確でない．これは永遠平和論における特殊な用法なのではないかとも考えられる．ただしここで注目したいのはむしろ，自然による補完という機構そのものではなく，本来の意味での道徳的義務のほうである．

　〈人間の自由意志に対する自然の作用による補完〉は，1780年代の「非社交的社交性」をより詳しく展開したものである．しかしそれと同時に，この「自然」が意味するものは，単に，戦争によって辺境の地へと追いやられたとしても，その地で生活すべきであるし，また生活することができるように，たとえば海流が高緯度地域に燃料や材木となる倒木を運んでくるというように (8: 364, Anm.)，自然の機構によってその生活が保証される，という意味での外的自然の作用だけではなく，まさにそこに含意されている，人間の内的な自然本性でもあると考えられる．

　この点が明確に論じられるのが，第一補論のうち，世界市民法に関する議論においてである．ここでカントは，「世界市民法の概念が諸国民を暴力と戦争から守ってこなかったかもしれない諸国民〔Völker, die der Begriff des Weltbürgerrechts gegen Gewaltthätigkeit und Krieg nicht würde gesichert haben〕」を，「相互の利己心という手段によって〔durch den wechselseitigen Eigennutz〕」自然が結びつける，と述べている (8: 368; 傍点は引用者)．この利己心を言い換え

たのが「商業精神〔Handelsgeist〕」であり，カントは，「それは商業精神であり，この商業精神は戦争とは相いれず，早晩，あらゆる国民を掌握することになる〔Es ist der Handelsgeist, der mit dem Kriege nicht zusammen bestehen kann, und der früher oder später sich jedes Volks bemächtigt.〕」(8: 368) と述べている．

　さらに，この商業精神を実体化させたかのように「貨幣権力〔Geldmacht〕」が言及され，「国家権力に従属するあらゆる諸力（諸手段）のなかで，貨幣権力が最も信頼に足るものであるだろうから，諸国家は（たしかに道徳という動機による〔durch Triebfedern der Moralität〕ものではないにせよ）高貴な平和を促進するよう，また，世界のどこで戦争が勃発しそうになったとしても，まるで諸国家が恒常的な連盟にでも加入しているかのように，仲裁によって戦争を回避するよう，強いられる〔gedrungen〕」(8: 368) という．その理由としてカントは，「〔国家間の〕大規模な連合体〔große Vereinigungen〕は，事柄の本性上，戦争に与することはまずない」(8: 368) ということを挙げている．

　以上が，第一補論の「世界市民法」に関連するほぼすべての内容である．簡潔な文章の中に，検討すべき論点がいくつか含まれている．第一に，「利己心」，「商業精神」，「貨幣権力」それぞれの概念の関連性である．これらはそれぞれ密接に関連し合っているだけでなく，ほぼ同一の事態を別々の角度から表現した概念であるとも言えよう．

　すなわち，それは，個人の心理に則して，その行為の動機としての側面からは「利己心」と表現され，それを社会集団，とりわけ（カントも述べているようにイギリス国民において典型的な）国民の精神動向一般として表現したものが「商業精神」であり，さらに，国家の政治的意志決定に大きく影響を与える権力の構成要素という側面から捉えたのが「貨幣権力」であろう．

　いずれにも共通するのは，「道徳という動機〔Triebfedern der Moralität〕」とは異なる，しかしそれを補完〔ergänzen〕する副次的動機となり，かつそれによって人間は道徳の本来の目的を遂行するよう，当人らの意図にかかわらず「強いられる〔gedrungen〕」という点である．これらはいずれも結局のところ，「第一補論」の文脈では「自然〔Natur〕」と称されるものに帰着するが，この「自然」は（アリストテレス的な言い回しをあえてするなら）人間の行為の動機における非・理性的部分，傾向性，情動，衝動に関わる部分を指し，要するに

内的な人間的自然なのである．

　第一補論の先述箇所において検討すべき第二の論点は，今述べた〈道徳的動機から独立しながらもこれを補完し，道徳的目的の実現を強いる人間の内的自然〉が，カント実践哲学においてどのような位置を占めうるか，という点である．先述のように，ここで自然目的論は，『判断力批判』とは別の位相で扱われている．つまり，自然の因果的メカニズムを客観的に認識するのを補完する，自然の仮想的な合目的性は，ここでは主眼とはなっていない．戦争によって辺境の地に追いやられた民族が，その地で「生活すべき」であると同時に「生活できる」ように自然が手配する，という主張においては，外的自然が扱われている点において，またやや宗教的な「摂理」にも近い側面がある点において，本来の自然目的論に近い．だがそこでも強調されているのは，どのような境遇のもとでも人間はそこで生活す「べき」だという道徳的義務の側面であり，その道徳的義務および努力に相応して自然が生活の手筈を備えさせるべく助力をする，ということの意味は，たとえそこで自然が主語・主体として表現されているとしても，あくまでも補完的役割を果たしているにすぎない，ということである．

　商業精神についてはこの事情がさらに鮮明となる．なぜなら，戦争により追いやられた民族の，辺境での生活とは異なり，商業は平時の営みであり，（カントの時代にはまだそれほど大きな規模ではなかったにせよ）はるかに多くの人びとが携わる活動であるからだ．

　カントは事のついでに商業精神に触れたのではない．先述のように，彼は「この商業精神は戦争とは相いれず，早晩，あらゆる国民を掌握することになる」と断言している．これはつまり，歴史の動向として，その本国と言えるイギリスだけでなく，全ヨーロッパ，あるいは全世界に，この商業精神の普及が見込まれる，ということであり，しかもその商業精神が戦争抑止の「権力」（「貨幣権力」）にすらなりうることが予想される，ということである．これは，『道徳の形而上学の基礎づけ』から『実践理性批判』にかけてのカント実践哲学の根幹，すなわち自然傾向性とは別次元（超越論的次元）に成り立つ理性道徳論を揺るがしかねない論点である．実際カントは，本来自然認識の補完役であるに過ぎないはずの自然目的論を，十分な批判哲学的検討を経ることなく唐

突な仕方で意志規定の理論（実践哲学）に動員してまで，〈人間的自然による道徳的目的達成の補完〉という議論を展開しようとしたのである．

この第二の論点，内的自然論の実践哲学体系における位置づけという論点は，もはや超越論哲学の枠組みだけでは論じきることができない．ここには少なくとも歴史哲学的考察が，さらにはそれに関連して，政治的・思想史的考察が欠かせないように思われる．そこで，第三の論点として，道徳的目的のための内的自然論の歴史的・政治的・思想史的文脈を検討してみたい．

カントは上述の第一補論以外の箇所でも，商業精神および貨幣権力について触れている．第四の予備条項（「外交関係において国家債務をなしてはならない」）において，カントは概略のように述べている (8: 345f.)[10]．国家債務〔Staatsschulden〕は道路の改良，新入植地の開拓〔neue Ansiedelungen〕，不作時に備えての穀倉の設置等，「国内外の〔außerhalb oder innerhalb dem Staate〕」経済的必要のためであるなら，内債，外債いずれであっても有用であるが，この〔国家債務という〕信用制度〔Creditsystem〕は，国家間の攻撃のための手段〔軍事費調達手段としての国家債務〕として用いられたならば，「危険な貨幣権力〔eine gefährliche Geldmacht〕」となる．この債務は，債権者によってただちに返済を求められるわけではないために，当座の〔軍事力増強の〕必要を満たすことにはなるため，次々と発行されて法外な国家債務をもたらす．今世紀の商業民族によるこの天才的発明〔die sinnreiche Erfindung eines handeltreibenden Volks in diesem Jahrhundert〕〔である国家債務〕は，他国の全資産を合算してもこれを凌駕するほどの軍事費を調達する．国家債務は結局のところ財政破綻に帰着し，他国をも混乱に巻き込むことになる（たとえ産業と貿易が，この信用制度を通じて〔資金の流入によって〕景気上昇の刺激を受けることで，一時的に破綻を回避したとしても）．このように戦費調達が容易になると，権力者の好戦性とあいまって，永遠平和の深刻な妨げとなる．

カントの表現でやや気になるのは「新入植地の開拓〔neue Ansiedelungen〕」と「国内外の〔außerhalb oder innerhalb dem Staate〕」という表現である．一方において，国家債務によって軍事費を調達することにはカントは明確に反対する．他方，国内経済のためのインフラ整備，食料・資源備蓄のためならば，国家債務は容認されるということになろう．これに対し，「国外」の「入植地」

となると別問題である．ここで「国内外の」経済的必要性，特に「国外の」それとしてカントが想定しているのが何であるか，カントは何も語っていない．

第四予備条項を敷衍して，カントは立法権と執行権とを分離した政治体制として規定された共和制〔republikanische Verfassung, Republikanism〕を平和の要件として述べた第一確定条項でも，次のように軍事費調達のための国家債務を批判している．ここでは実利性の観点からの独裁〔Despotism〕批判が鮮明に現れている．

　　共和制〔republikanische Verfassung〕は法概念の純粋な起源〔der reine Quell des Rechtsbegriffs〕という透明な源泉以外をもつことにくわえて，望まれた帰結〔die gewünschte Folge〕としての永遠平和への見通しももつ．このことの理由は以下のようになる．国家公民が開戦の是非について同意を求められたならば（共和制においてはそうであるほかはないのだが），その場合，（みずから戦地に赴く，自身の持分から拠出して戦費を賄う，戦後の荒廃から細々と復興を行う，最後にこの上ない害悪として，（そののちにも戦争が延々繰り返されるために）償還が困難であり，平和そのものを困難にする〔国家〕債務〔Schuldenlast〕を〔将来の納税という形で〕背負わなければならない，といった形で）戦争によるありとあらゆる苦境を背負わなければならない以上，そのような悪手〔ein so schlimmes Spiel〕に手を染めることには慎重になるのは自明の理である．これに対し，臣民が国家公民ではなく，したがって共和的ではない政治体制においては〔in einer Verfassung, wo der Unterthan nicht Staatsbürger, die also nicht republikanisch ist〕，国家元首が国家の同胞ではなく国家の所持者である以上〔weil das Oberhaupt nicht Staatsgenosse, sondern Staatseigenthümer ist〕，彼の食卓，狩猟場，城館，宮廷祭等々においても戦争によって失うものは何一つないのだから，まるで気晴らしの散歩であるかのように些細な理由で開戦を決断し，体裁をよくしようと思えば，四六時中待機している外交団に戦争の正当化理由の考案を丸投げすることもできるわけである (8: 351).

「法概念の純粋な起源〔der reine Quell des Rechtsbegriffs〕という透明な源泉」とは，いうまでもなく実践理性である．ここでカントは，共和制を実践理性に基づくものであると述べることにくわえて，「望まれた帰結〔die gewünschte Folge〕」としての「永遠平和」を挙げている．このことは，上述の「永遠平和

の保証」のための手段として理解されている人間の内的自然に，功利主義的とも言える実利的帰結が含まれるということを意味する．日常生活の労働にくわえて納税を通じて理由なき戦争の支出さえも強いられる一般国民の実利に基づく感情が，国民自身にも備わると想定される理性とともに，永遠平和への強力な推進役としての役割を果たすことが期待されていると言えよう．

ところで，上述の第四予備条項において国家債務に関連してカントが触れた「今世紀の商業民族〔ein handeltreibendes Volk〕」が，イギリス人を指すことは明白である．そのイギリスにおいて発明された国家債務（国家信用）が，カント自身の思想形成において重要な役割を果たした人物も含むイギリスの思想家自身によって批判されていたことを，カントは知っていた．

注

(1) 「人間は和合を求める．しかし自然は人類にとって何が善いのかを人間以上に知っていて，不和を求める〔Der Mensch will Eintracht; aber die Natur weiß besser, was für seine Gattung gut ist: sie will Zwietracht〕」(8: 21)．「〔…〕自然の機械的な運行のなかから，合目的性〔Zweckmäßigkeit〕が浮かび上がる．それは，人間のあいだの不和から人間の意に反してさえも和合を生じさせるということ〔durch die Zwietracht der Menschen Eintracht selbst wider ihren Willen emporkommen zu lassen〕である」(8: 360)．ここで「普遍史の構想」（前者）においては自然が不和を，『永遠平和論』（後者）においては自然が和合を，それぞれ求めるとされており，逆向きの議論になっているように見える．しかし，重要であるのは人間の意に反してでも自然が一定の目的を果そうとする，という目的論的見解である．『永遠平和論』においてはこの「自然の意図」の一つに，利己心の相互抑制による平和構築・維持が挙げられる．

(2) 「何人といえども，自分が学問に実践的に精通していると吹聴しながら，理論を軽視することはできない．もしそのように振る舞えば，この人は，原理（「理論」とは本来この原理のことだが）なしに，経験と試行錯誤だけから得られた知識をかき集め，自分の仕事の全体（これは方法論的手続きを経る際には「体系」となる）について考えることもなしに，理論がこの人を導くことのできる範囲を超えて，先へ先へと進むことができると信じ込むことで，必ずやその専門領域において無知をさらけ出すことになる」(8: 276)．

(3) ユルゲン・ハーバーマスにおける行為論の分類の概要については，（ルッツ＝バッハマン, 2018）とりわけ第 2 章 4 節を参照．

(4) 善行の義務は，他の人びととの幸福に満足することとしての「厚情〔Wohlwollen〕」を実行に移し，他の人びととの幸福そのものを自己の目的とする（そしてそのために可能な援助を行う）ことであり，「苦境に置かれた人びとが幸福となれるよう，能力〔Vermögen〕の範囲内で援助し，かつそ

のための見返りを何ら求めないこと〔ohne dafür etwas zu hoffen〕」である (6: 452f. [§29, §30]).

(5) ハンナ・アーレントにおける公共的領域と私的領域（親密圏）との区別を参照.「公的舞台では，それに適切であると考えられるもの，見られ，聞かれる価値があると考えられるものだけが許され，したがってそれに不適切なものは自動的に私的な事柄となる〔…〕．私的なるものの領域にのみ生存することのできる非常に重要なものも見られよう．たとえば，友情とは異なって，愛は，それが公に曝される瞬間に殺され，あるいはむしろ消えてしまう．〔…〕愛はそれに固有の無世界性のゆえに，世界の変革とか世界の救済のような政治的目的に用いられるとき，ただ偽りとなり，堕落するだけである」（アレント, 1994: 77）.

(6) 良心の自由も明確に述べられている.「国民が自分自身について決定できないことを，立法者が国民について決定することはできない〔Was ein Volk über sich selbst nicht beschließen kann, das kann der Gesetzgeber auch nicht über das Volk beschließen〕」(8: 360). ほぼ同一の表現が，1784 年の「啓蒙とは何か」にも見られる.「だが，国民が自分自身についてすら決定することが許されていないことを，君主が国民について決定することはなお一層許されない〔Was aber nicht einmal ein Volk über sich selbst beschließen darf, das darf noch weniger ein Monarch über das Volk beschließen〕」(8: 275). フリードリヒはカントのパターナリズム批判について次のように述べている.「18 世紀の哲学者らにとってきわめて重要であった，知的エリートという発想をこのように〔ルソーの影響によって〕完全に断念することは，自律的な道徳的人格性およびその自由というカントの理念にとって中心的な意味を持つ．彼のパターナリズムへの強烈な拒否〔vigorous rejection of paternalism〕は，啓蒙主義的であるにもかかわらず，社会改良のために哲学者の指導を受けた啓蒙専制君主に期待をかけていたヴォルテールやベンサムといった思想家とは著しく対照的である」(Kant, 1949: 14).

(7) 法理的法則においては「自然法則」との類縁性が際立つ.『道徳の形而上学・法論』によれば，不法行為〔unrecht〕に抵抗する強制は，自由の妨げとなるものへの抵抗であるため，普遍的法則に従う自由と両立し，矛盾律に従って正当〔recht〕となり，強制権限が法と結びつく (6: 231). ここで不法行為と正当な強制との間の関係は，作用と反作用の相同性と類比的な関係にある (6: 232f.).

(8) 自然の目的論については（桐原, 2014）を参照.

(9) 「自然は，人間が地上のあらゆる場所で生活できるよう手配を整えたことによって，同時にまた，人間があらゆる場所で生活すべきであるということを専断的に望んだ．もっともそれは人間の傾向性に反して，しかもまたこの『べき』が，道徳法則によって人間を義務づけるという意味での義務概念を前提とすることもないままでのことであり，むしろ，自然は〔あらゆる場所で生活すべきであるという〕この自然の目的を実現するために，戦争という手段を選んだ〔Indem die Natur nun dafür gesorgt hat, daß Menschen allerwärts auf Erden leben *könnten*, so hat sie zugleich auch despotisch gewollt, daß sie allerwärts leben *sollten*, wenn gleich wider ihre Neigung, und selbst ohne daß dieses Sollen zugleich einen Pflichtbegriff voraussetzte, der sie hiezu vermittelst eines moralischen Gesetzes verbände, - sondern sie hat, zu diesem ihrem Zweck zu gelangen, den Krieg gewählt.〕」(8: 364).

(10) カント自身の文章はやや錯綜しており，H. B. Nisbet による英訳 (Kant, 2010) を参照した.

第4章

商業平和論の系譜と批判

4-1 商業平和論の系譜（その１；ヒュームとベンサム）

　上述のように，カントは，軍事費の調達を可能にする国家債務が，債務償還を将来へ先延ばしすることによって，結果的に財政破綻を招来し，周辺国を混乱に巻き込むと考えていた．これと同様の国家債務批判を，デイヴィッド・ヒュームも展開していた．前章末で示唆したように，ヒュームの国家債務批判をカントは知っていたと思われるが，それは永遠平和論の３年後，『実用的見地からの人間学』とならんで1798年に出版された生前最後の著作『諸学部の争い』所収の，哲学部と法学部との争いについて述べた章の結論部分で，ヒュームの1752年に出版されたエッセイ「公的信用について〔Of Public Credit〕」(Hume, 1993²) の一節と推定される文章を不完全な形で引用している[1]ことから推測される．

　ヒュームは「公的信用について」において，戦費調達手段として用いられた公的信用を批判している．ヒュームによれば，公的信用は国家の税収を抵当に入れることで戦時の緊急支出を賄い，平和時に後続世代が償還する仕組みである．この信用関係は順次継承され，後続世代の「選択ではなく必要に迫られることによる〔from necessity more than choice〕」債務履行を常態化する．古代ギリシャをはじめとする古代国家においては，事前に余剰の金銀を蓄えておいて，それが経済の停滞や戦争といった緊急時に支出されたが，近代国家においては公的信用およびそれに伴う際限のない課税が景気刺激のための唯一の手段のようになり，そればかりか，公的信用それ自体が貨幣の一種となり，資本家の収入源にすらなっているという．

　こうした公的信用の弊害として，ヒュームは，経済の大都市集中（国内経済の都市－農村格差の拡大），信用貨幣の増大による金属貨幣への圧迫，債務の利払いのための増税と労賃の高騰，対外債務による人口減少と産業空洞化，公的信用による不労所得生活者の増大，そして税負担による労働者の窮乏，を挙げている．

　ジェレミー・ベンサムは，1780年代後半に書かれた草稿「国際法の原理〔Principles of International Law〕」(Bentham, 1843) において，「共通の効用

〔common utility〕」(Bentham, 1843: 973)(「地上の全国民の最大限の幸福〔the most extended welfare of all the nations on the earth〕」(Bentham, 1843: 974))が諸個人だけでなく諸国家の行動規範となる可能性に言及している．この功利主義原理に基づいて，ベンサムは永遠平和構想〔a plan for an universal and perpetual peace〕(Bentham, 1843: 990f.) を展開している．この構想にはヨーロッパ列強諸国の軍縮，紛争解決のための国際法廷の創設，くわえて英国の属領〔foreign dependencies〕の放棄が含まれる (Bentham, 1843: 991)．属領を放棄すべきとの主張をベンサムは主として経済合理性の観点から裏づけている．第一に，遠隔地にある属領をめぐる対立の増加，新入植地および発見地をめぐる権利関係の不透明性〔the natural obscurity of title in case of new settlements or discoveries〕(Bentham, 1843: 992)，そして遠隔地での対立紛争への無頓着さ，といった理由から，戦争の頻度が高まることが指摘される．第二に，より強調された論点として，「植民地は本国に対してほとんど利益をもたらさないこと〔That colonies are seldom, if ever, sources of profit to the mother country.〕」(Bentham, 1843: 992) が挙げられる．

　属領をめぐる紛争激化は，必然的に軍事支出を増やすことになるため，たとえ属領との貿易によって利益が得られたとしてもそれを相殺するだけの，あるいはそれを上回りさえする支出が生じる．したがって，属領における対立紛争激化という論点と，属領の経済合理性の欠如という論点は原因結果の関係であるとも言えそうだが，ベンサムはそれにとどまらず，植民地経営自体の経済非合理性にも言及する．その際，ベンサムは「いかなる国の貿易も〔その国の保有する〕資本の量によって制約される〔the trade of every nation is limited by the quantity of capital〕」(Bentham, 1843: 995) という命題を前提とし，外国貿易に関する経済学的な議論を展開しているが，その論旨はやや錯綜している．貿易統制と国内産業保護の非経済性が指摘されているが，この（のちにリカードも展開することになる）自由貿易論が，属領経営の非合理性とどうつながるのかは，明確ではない．ベンサムが言いたいのはおそらく，自国利益を中心に据えた経済運営が，属領経営と外国貿易両面において非経済性を帰結する，ということなのだろうが，その際，国家間の自由貿易は，同等な発展段階に達した当事国間で初めて，双方に公正な利益をもたらすという（ドイツにおいてフリードリ

ヒ・リストが主張した (List, 1844)）論点が打ち出されていたならば，議論の見通しも立ちやすくなったのではないだろうか.

とはいえ，「貿易はすべてその本質においては利益をもたらす〔All trade is in its essence advantageous〕」「戦争はすべてその本質において破壊的である〔All war is in its essence ruinous〕」という簡潔な命題 (Bentham, 1843: 1000) は，商業平和論の提要であると言ってよい．そして，この草稿においてベンサムが，「敵愾心は狭い心の悪徳であり，信頼は広い心の美徳である〔Jealousy is the vice of narrow minds;—confidence the virtue of enlarged ones〕」(Bentham, 1843: 1003) と，これもまた簡潔な命題を打ち出して，ヒュームの有名な論文「貿易をめぐる敵愾心について〔Of the Jealousy of Trade〕」（1758年）(Hume, 1906) とのつながりを示唆しているのは興味深い.

ヒュームは同論文冒頭において，「貿易を行うすべての国々を敵と見なし，ある国が栄えるためには他のすべての国々が犠牲にならなければならないと考える疑いに満ちた眼差し〔suspicious eyes〕」，この「狭く悪意に満ちた見解〔narrow and malignant opinion〕」に対して，「いかなる国もそれが富と商業において栄えたならば，そのすべての隣国の富と商業に危害を与えるどころか，むしろ繁栄をもたらすこと」および「ある国の周辺国が無知，怠惰，野蛮に埋もれた状態であれば，その国は貿易と産業を十分に繁栄させることができないこと」をあえて主張する，と述べている (Hume, 1906: 27)．さらにヒュームは「国家間で開かれたコミュニケーション〔open communication〕が保持されるならば，いかなる国の国内産業も，他国の〔国内産業の〕改善によって拡張しない，ということはありえない」とも主張し，相互信頼に基づく自由貿易論の立場を明確に打ち出す.

ヒュームは上述の「公的信用について」とは別に，1752年に公刊された論考「商業について〔Of Commerce〕」(Hume, 1993[1]: 154-166) において，軍事力も含めた国力に不可欠の要素として商業を挙げている．かつてのスパルタのように農業と軍事に傾斜した経済社会構造は，一見したところ強大であるように思われるが，実際には，戦時には基幹産業である農業から人員を動員しなければならない．これに対し，産業と生活の便宜と貿易〔industry, and arts, and trade〕を推進する商業国家は，一見したところ柔弱であるが，国民の生活水準を向上

させることで，結果的に国力を増大させる．何よりも，戦時において農業以外の産業部門，手工業や商業の従事者を軍事部門に転用して，なおかつ農業部門からの動員は必要とされないため，食料調達に困難をきたすことがないという点をヒュームは強調する．

　こうした議論は商業・貿易が国際平和につながるとの見解を直接述べたものではなく，むしろ，軍事国家よりも商業国家の方が戦時に強いということを逆説として主張しようとしている．だが，ヒュームの議論が対外貿易主導による重商主義ではなく，国内の産業構造の高度化と多様化を国力の増大と結びつけている点も含めて，軍事中心の国家観から産業・商業中心の国家観への移行を説いている点は斬新であり，その後の商業平和論を準備する見解であると言えよう．

4-2　フィヒテによる商業平和論批判

　商業，とりわけ外国貿易と国際平和との関係をめぐる論考は，大まかに見ると，外国貿易が平和を促進するとの見解と，外国貿易はむしろ国家間競争を激化させ，それが戦争につながるとする見解とに分かれる．ここでは，前者の代表を先ほど取り上げたヒューム（およびベンサム），後者の代表をフィヒテであると想定する．ただ実際には，ヒューム（およびベンサム）にフィヒテが直接に論戦を挑むという形とはならなかった．

　先述のように，カントは商業精神をイギリス発祥と見ており，それに関連する問題点，とりわけ商業精神と植民地主義との結びつきを警戒しつつも，それが永遠平和の樹立という道徳的義務の遂行を，人間の内的自然，すなわち自己利益確保の必要性を通じて補完していくという見通しを示している．これは自然目的論の別形態であるが，それがカント自身の実践哲学においていかなる体系的位置を占めるかは明白ではない．ここではこの点には立ち入らず，まずは，カントの永遠平和論が喚起したドイツにおける論争状況，とりわけフィヒテの商業平和論批判とそれへの再批判を概観しておきたい．

フィヒテは1800年に公刊された著作『閉鎖商業国家〔Der geschloßne Handelsstaat〕』(Fichte, 1845) において，ヒュームとは真逆の国家観を提起している．「逆」というのは，特に商業・貿易をどの程度重視するかという論点に関わる．つまり，ヒュームは商業・貿易の推進が国力の増大につながると端的に述べているのに対し，フィヒテはむしろ，商業・貿易の無制約の促進は国家間の利害対立から戦争をもたらし (Fichte, 1845: 468)，結果的に国力の弱体化につながると述べている．

産業構造に関する見解にはヒュームとフィヒテとの間で共通点もある．それは，農業，手工業，商業，の順に産業構造が高度化する，という見解である．一方，フィヒテはこれらの上位に管理部門として政府を据えており，それが他の諸部門全体を統括する，という見方においてヒュームと大きく異なる．ヒュームは少なくとも「商業について」においては，経済社会における政府の役割には明示的には触れていない．これに対しフィヒテは，「〔農業〕生産物の収穫は国家の基盤であり，他のすべて〔の階層〕の〔成員の数を決めるために〕従うべき基準である〔Die Productengewinnung ist die Grundlage des Staats; der höchste Maassstab, wonach alles übrige sich richtet〕」(Fichte, 1845: 408) と述べ，農業従事者の数と農業生産力こそが加工業者，商人，そして政府要員（行政官，教師，軍人等）の数を決定する，と主張する．そのうえでフィヒテは，政府がこの産業構造の均衡を保つ責任を有する，と述べる (Fichte, 1845: 407f., 409, 411).

「閉鎖商業国家」は商業統制の構想である．基幹産業である農業の生産力を基準に，他の産業部門と政府要員の従事者の数が制限されるということは，流通する商品の数量が制限されるということでもある．このことは国内経済においては，国内の富の偏在を防ぎ，すべての階層に属するすべての人びとがそれぞれの国家全体に供出する労働およびその生産物にふさわしい富を与えられることをも意味している (Fichte, 1845: 419). これはある種の国家社会主義の構想であると言ってよい．

フィヒテによれば，このような交易の均衡状態〔Gleichgewicht des Verkehrs〕(Fichte, 1845: 410, 425, 427) は，外国からの物資の流入によって大きく攪乱される．そのため，外国貿易は厳しく制限され，国民の「慣例的な必要〔gewohnte Bedürfnisse〕」つまり持続的な福祉の維持のために必要な最低限の物資を，政

府の管理のもとで導入することに限定することにとどめなければならないと，彼は主張する (Fichte, 1845: 419f.)．交戦権や講和権と同様に，貿易権も政府によって独占されるのだという (Fichte, 1845: 421)．民間人同士の貿易を除外した後の外国との交易は，学術交流に限定されなければならないという[2]．

　こうした貿易統制論は，産業構造の均衡の維持だけでなく，金融・通貨統制論とも密接に結びついていた．先述のように，フィヒテにとって貿易統制は，国内経済と国民生活の安定化のための手段であった．金融・通貨統制も同じ目的を持つことは明白である．彼は，貨幣を，国家の意志によって公開市場において流通する商品の総量を代表するものだと規定した (Fichte, 1845: 431)[3]．その貨幣思想に基づいて彼は，金属貨幣（フィヒテの用語では「世界貨幣〔Weltgeld〕」）から非・金属貨幣（フィヒテの用語では「国内貨幣〔Landesgeld〕」(Fichte, 1845: 485)）への転換を提唱する．国内貨幣の導入は，物資と金属貨幣の無統制な流出入を防ぎ（「交易の均衡〔Gleichgewicht des Verkehrs〕」(Fichte, 1845: 419) を保ち），物価を安定させ (Fichte, 1845: 420)，国民の苦痛を可能な限り軽減した持続可能な勤労に基づき人間的な生活を保持する (Fichte, 1845: 401, 402, 415, 413) ための最大の切り札と考えられている．

　金銀と切り離された貨幣の代表と言えるのが，現代の管理通貨制度下の不換紙幣である．フィヒテの時代においては金銀貨幣および金本位制が通例であり，ジョン・ローによるフランスのバンク・ジェネラル銀行券発行（およびミシシッピ開発会社株とフランス国債との交換によるフランス債務帳消し，同株価の急騰，バブル経済の招来・破綻），およびナポレオン戦争中，金流出の抑止を目的に実施され，結果的に不換紙幣による戦費調達を可能にしたイギリスの金兌換停止 (1797 ～ 1821) といった，画期をなし重要ではあるが例外的な事例があるにすぎなかった．フィヒテはこれらの事例を踏まえつつ，プロイセンの財務大臣に金融・通貨統制と貿易統制とを進言したのである．

　序論でも触れたように，『永遠平和論』のカントと同様に，ケンペル等の報告に基づいて，中国と日本の対外政策を参考にしたと考えられるこの〈鎖国〉政策は，現代の目から見れば過激な保護主義であるように見える．しかし，（〈開国〉直後の日本においても典型的に現れたように）金属貨幣の国境を越えた流通と国内経済の不安定化とがつねに連動していた当時にあっては，フィヒ

テの提言は貨幣および物資の流通の統制・安定化を目指すものにすぎず，本質的には，現在の中央銀行による不換紙幣発行，管理通貨制度，そして国内貨幣または域内貨幣による間接的な貿易統制と，趣旨や目的は同一である．そしてフィヒテにとっては何よりも，閉鎖商業国家論は貨幣と物資の流通の安定化を通じての，カント永遠平和構想の具体的実現策であった[4].

　だが，『閉鎖商業国家』を受けてドイツ国内でも反対意見が表明された．その代表は，これもまたカント哲学を継承すると公言する，カントのかつての学生，フリードリヒ・ゲンツ (Friedrich von Gentz, 1764-1832) である．彼は「永遠平和について〔Über den ewigen Frieden〕」(Gentz, 1953) と題された1800年に発表された評論において，フィヒテの閉鎖商業国家論を手厳しく批判している．

4-3　ゲンツによる閉鎖商業国家論批判

　「永遠平和について」においてゲンツは，冒頭で著作家 W・T・クルーク〔W.T. Krug〕の文章を引用して「単に言葉の上で永遠の〔bloß verbaliter ewig〕」平和ではなく，「現実的に永遠の〔realiter ewig〕」平和を構築するための手段の模索を課題として示している．ゲンツは「永遠平和〔der ewige Friede〕」を「諸国家間の国際法体制〔die völkerrechtliche Verfassung unter den Staaten〕」(Gentz, 1953: 461) と言い換えたうえで，「個人間の完全な法〔vollkommenes Recht unter den Individuen〕」に達するための不可欠の手段として，各人の要求実現を保証し，同時にその要求を制限する「合法的な最高権力〔gesetzmäßige oberste Gewalt〕」の創設を，さらにそれとの類比関係において，国家間の「それぞれ独立した〔国家〕社会間の完全な法的共同体〔vollkommene rechtliche Gemeinschaft unter unabhängigen Gesellschaften〕」に達するための不可欠の手段として「実効力のある国際法〔wirkliches Völkerrecht〕」を挙げる (Gentz, 1953: 462). この類比関係はカント平和論の確定条項の構成と同様であるが，ゲンツは現行の国際法が断片的な平和条約の脈絡を欠いた集合体にすぎず，「実効力のある国際法」には程遠いこと，そして「〔国際関係においても本来貫徹さ

れるべき〕法廷闘争〔Rechtsstreit〕は武装による強行手段〔Gewalt der Waffen〕からはかけ離れているにもかかわらず，武装による強固手段以外には，目下のところ，国際法上の闘争を解決するための最終手段が存在しない」(Gentz, 1953: 462) ことを，カント以上に強調する．ゲンツはこうした状況に抗してカントと同様に (8: 356)，「戦争があってはならない！〔Es soll kein Krieg sein!〕」(Gentz, 1953: 462) という理性の命令を堅持しようとするが，その際彼は，カントの挙げた永遠平和の保証手段としての人間的自然の側面を強調することにより，カントの立場から離れて国際関係論におけるリアリズム，すなわちホッブズ的立場に接近することになる．

　ゲンツは，戦争回避の手段として，①単一国家における諸民族の「絶対的統一〔die absolute Vereinigung〕」，②国家間の権利侵害を終結させる，各国の「絶対的分離〔die absolute Absonderung〕」，③紛争の平和的解決以外の選択肢を除外する諸国家間の組織の設立，を挙げる (Gentz, 1953: 464)．このうち，①はこれが「世界的専制体制〔Universal-Monarchie〕」(Gentz, 1953: 465) であると，カントと同一の表現を用いて否定される．

　②はフィヒテの閉鎖商業国家構想に該当する．ゲンツはフィヒテの構想を，外国貿易の完全停止，世界貨幣〔Weltgeld〕としての金属貨幣の停止ならびに国内貨幣〔Landgeld〕の創設，およびこれらを通じての価格安定，農業，加工業，商業の均衡と収入安定，と要約したうえで (Gentz, 1953: 473)，この構想が戦争回避のために「最も有効〔tauglichst〕」ではあるだろうが，「あまりに代償の大きい〔zu teuer erkauft sein〕」手段であるとしている (Gentz, 1953: 475)．閉鎖商業国家構想はなぜ「あまりに代償が大きい」のか．この点に関してゲンツは彼自身の基本見解を次のように述べる．

　　地上の住人すべてに行き渡る共同体は，真の人間的文化を創出するための最上の条件である．この人類共同体が進展するにつれて，われわれ人間存在の高貴な諸力も発展する．船舶渡航と商業によって遠隔地が結びつけられた瞬間において初めて，全般的な野蛮状態に逆戻りするのを防いでいるのである．もちろん，こうした共同体からは無数の悪徳と無数の苦痛が生じてはいる．しかしながら〔…〕こうした非友好的な体制〔das unfreundliche System〕からどの国も

隔離〔geschlossen〕されたならば，より快適な生活〔höherer Lebensgenuß〕を獲得するための素質も能力も，またより高い人間性〔höhere Humanität〕を獲得するための素質も能力も失うこととなろう．われわれの社会関係，労働生産物，芸術，学問，身体的鍛錬，知的教養は，永遠に未発達のままとなろう (Gentz, 1953: 475f.).

　ここでは戦争だけでなく，貿易関係もまた，「非友好的」性質をもつという点が指摘されている．おそらくこれは内容の上で，ヒュームの言う「貿易の敵愾心」に該当する．そのうえでゲンツは，各国の孤絶による永遠平和の達成ではなく，戦争，貿易両面における敵対状態をいわば必要悪として経たうえでの高い次元での永遠平和という構想を描き出す．同様の論点は，カント永遠平和論においても「世界的専制体制」論を論駁する文脈での次の文章に見られる．

　　自然は，諸国民の混淆を避け，それぞれ分離独立させるための手段として，言語と宗教の相違を用いている．これは相互の憎悪を招き戦争の口実となるものだが，それにもかかわらず，文化が興隆し，人類の広範な原理の上での一致へと徐々に接近していく際に〔bei anwachsender Cultur und der allmähligen Annäherung der Menschen zu größerer Einstimmung in Principien〕，一つの平和状態における相互理解へと向かうことにもなる．この平和状態は，（自由の墓場の上に立つ）専制体制〔Despotism〕のように〔人間の〕あらゆる力を弱めることによるのではなく，諸力の活気ある競争〔lebhaftester Wetteifer〕のなかでの均衡状態〔Gleichgewicht〕によって生み出され，また保持される平和である (8: 367).

　カントが「世界的専制体制」に対抗して各国の独立を擁護しているのに対し，ゲンツは各国の孤絶に対抗して各国の独立と連携を擁護する．敵対状態をも伴う交易関係を擁護するという同一の結論を導き出すための前提条件が異なるわけだが，フィヒテの閉鎖商業国家論がカント永遠平和論構想に続いて提起されたことで，議論の幅が広がったということが背景にはある．ゲンツはカント，フィヒテ以来の議論を発展的に継承しているとまずは言える．
　ゲンツの議論はフィヒテの諸説を批判する際にも基本的にはカントの議論を踏襲したものとなってはいるが，そこから不用意に逸脱している面もある．そ

れはたとえば次のような，「必要悪としての戦争」を議論の本筋として強調して打ち出す点に現われる．

> われわれの当初の非社交的存在〔unsere erste ungeselige Existenz〕を取り囲んでいた狭い領域を抜け出して，われわれの願望と行為とをもって，地平線の及ぶかぎり陸を越え海を越えて旅をするという欲求は，われわれの胸中に深く埋め込まれている．抗いがたい本能が，すべての国民を互いに出会わせるのである．この本能を満たすことにこそ，文化の秘密そのものが，そしてより高度の世界市民的教養の秘密そのものが宿っている．〔諸国民が〕出会う地点が多ければ多いだけ，それだけ一層，人間は完全なものとなり，より人間らしくなる．〔…〕われわれは戦争を嫌うが，残念なことに戦争が巨大な人類社会につねに〔auf immer〕結びつけられているのだとすれば，われわれは戦争を耐え忍ぶ〔tragen〕以外にない．これは，公民的政体〔bürgerliche Verfassung〕の圧倒的な利得を最終的に得るためには困難な試練に堪えなければならないのと同様である (Gentz, 1953: 476f.).

カントはたしかに戦争を「自然状態における悲しむべき緊急手段〔das traurige Nothmittel im Naturzustande〕」(8: 346) だと述べているし，また戦時の勇敢さ〔Kriegsmuth〕の徳が，名誉欲〔Ehrtrieb〕とも結びついて，利己的本能〔eigennützige Triebfedern〕に反する傾向性として人間本性に埋め込まれており (8: 365)，[6] 利益獲得のためではなくこの勇敢さの徳を示すために行われる戦争自体に「内的尊厳〔eine innere Würde〕」がそなわる，とすら書いている (8: 345).

だが，前者，すなわち相互信頼を不可能にする戦争の禁止を扱った第六予備条項におけるカントのコメントは，そもそも本来あってはならない戦争がやむなく起きてしまった際に，事態を収拾困難にしないための最低限度の戦時法に言及したものであり，またここでは「自然状態における」という文言により強調点があると考えるべきではないか．ここからは，自然状態ではなく，公民的状態（カントの場合は諸国民連合）においては，諸国家には紛争の平和的解決のみが許される，という意図を読み取るべきである．

また，戦争の「内的尊厳」という論点については，「尊厳」がカント実践

哲学の根本概念[7]であるために，戦争による利己心の克服にカントが共感を示しているかのようにすら見える．しかしながら，カントがこう述べた文脈の趣旨は，簡単に言えば，戦争をめぐる文化人類学的理論である．「アメリカの野蛮人〔amerikanische Wilde〕」や「騎士時代のヨーロッパの野蛮人〔die europäischen [Wilden] in den Ritterzeiten〕」が戦士らしい勇敢さをもつとカントは書いており (8: 365)，このことから，カントは，戦時の勇敢さが国内外の公民的状態において不可欠のものではなく，むしろ歴史的に過去の，部分的には「自然状態」とも言える段階の人類に属するものだと考えている可能性がある．何よりも，この文脈の論点は，辺境地の少数民族が戦争によってその地へ追いやられたのではないか，という推察にある．このことから，人類には古来戦争が付き物だったということは言えるとしても，ゲンツのように戦争を人類発展のための必要悪（またはその原動力）として論じる意図は，カントにはなかったのではないか．

　カントは，「人類が地上のいかなる場所でも生活できるために，またそうすべきであることから，人間の傾向性に反して，またこの『べき』を道徳法則によって遵守を義務づけられる義務の概念を前提とすることもなく，自然は戦争を〔手段として〕選択した」(8: 364) とも述べている．ここでの戦争観もあわせて考えるなら，戦時に利己心や自己利益を顧みない勇敢さなど，（プラトンが気概＝テュモスの概念によって強調した）徳の一要素は，尊重すべきではあるが，国内外の公民的状態においてはこの徳は直接的な自己犠牲によるのではなく，法的手段（および倫理的手段）のみによる紛争解決へ移行すべきであるというのが，カントの主眼であったと考えるべきであろう．

　こうしたカント解釈は，先に引用したゲンツの「それぞれ独立した〔国家〕社会間の完全な法的共同体」実現のための「実効力のある国際法」という，国内法と国際法との類比関係に基づく構想からも必然的に導かれる帰結であろう．そして実際，ゲンツは先述の③紛争の平和的解決以外の選択肢を除外する諸国家間の組織の設立を，カントと同様に自身の立場として表明するにあたって，「諸国家の連邦的体制〔Föderativ-Verfassung unter den Staaten〕」についてこれが「加盟国間の紛争を平和的で法的な方法によって調停し，加盟国が自国の権利をもはや武力によって主張することができないような状態に置かれるこ

と」(Gentz, 1953: 477) を目指すとしている．その点で，ゲンツが戦争を必要悪であるかのように述べているのは論理整合性を欠いてもいる．

　ゲンツの議論においてとりわけ問題含みだと思われるのは，国際関係においては立法者はいるものの強制力をもつ執行権者がいない (Gentz, 1953: 478)，という，それ自体としては正しい洞察に基づいて，現代の勢力均衡理論に近い見解に達している点である．弱小国が同盟関係によって強国に対抗し勢力を均衡させる (Gentz, 1953: 479) というのは文字通りの「リアルポリティクス」だが，これを議論の中心に据えたとき，はたして「加盟国が自国の権利をもはや武力によって主張することができないような」「諸国家の連邦的体制」は，個別の国家間同盟にとってかわることができるだろうか．

　ゲンツは「永遠平和について」において戦争の形而上学とも言い得る議論を展開しており，そこでは概略次のような主張を展開している．「保存の原理は破壊の原理と全面的に結びついている」(Gentz, 1953: 484)．「自然は恒久的な闘争の場である」(Gentz, 1953: 484)．「他の被造物が盲目の暴力と闘争〔Krieg〕によって獲得することを，人間は社交的結びつき〔gesellige Verbindung〕と法則とによって調達する」(Gentz, 1953: 485)．「戦争はその恐ろしい結果ともども，人間のもとで可能であった唯一の法的体制〔gesetzliche Verfassung〕を保証するものであり，いかに逆説的に聞こえようとも，戦争なくして地上のいかなる平和も存在しないということは，否定しようのない真実である」(Gentz, 1953: 488)．

　こうした，相互に矛盾した命題も含む自然主義的見解に基づく戦争論を背景に，ゲンツは勢力均衡論について「真の政治的均衡論は，節度〔Mäßigung〕，相互抑制〔wechselseitige Beschränkung〕，自足〔Genügsamkeit〕，平静〔Haltung〕の理念から成り立っている」と述べ，「教養と知性〔gebildeter Verstand〕のあからさまな暴力〔rohe Gewalt〕に対する支配」(Gentz, 1953: 480) を説く．これはリベラルなパワーポリティクスとでも称すべき穏健な立場だが，思想傾向としてはカントよりむしろショーペンハウアーに近いだろう．

　フィヒテへの批判の文脈で，ゲンツが対外貿易をより高次の，より人間的な平和のための不可欠の条件として，人間本性にも備わると彼が考える民族間の交流のなかに位置づけたのは，たしかにカントには欠けていた観点であった．

このことによって，商業と平和との関係をめぐる議論により明瞭な光が当てられたと言ってよいだろう．しかしながら，カントも論究した人間的自然と平和構築との関係を，戦争と平和，ではなく，商業と平和との関係に則して展開するための手がかりとするためには，ゲンツの論考は独断的形而上学の傾向があまりにも強すぎるのである．

4-4　商業平和論の系譜（その2；アダム・スミス）

　先に触れたヒュームの論文「貿易における敵愾心について」とほぼ同趣旨の見解が，アダム・スミスの『諸国民の富』（1776年）(Smith, 2003) の一節に見られる．「政治経済学の体系〔System of political Economy〕」と題された第4巻の，国際貿易統制への批判が展開される第3章において，スミスは，ヒュームが簡潔に指摘していた論点を敷衍して，次のように貿易が平和を促進するだけでなく敵愾心を助長する諸刃の剣となりうることを指摘している．

　　〔…〕各々の国民は，あらゆる貿易相手国の繁栄を悪意に満ちた眼差しで眺め，相手国の利得を自分たちの損失であると考えるように教えこまれる．本来なら，個人間においても国家間においても，商業は和合と友好の紐帯となるはずのものであるが，いまではそれは不和と敵対の沃土となってしまっている．国王や大臣の移り気な野望にくらべても，前世紀および今世紀においては，商人や製造業者の粗野な敵愾心のほうがはるかに，ヨーロッパの安寧にとって破滅的な性質をもつようになっている (Smith, 2003: 621)[8]．

　スミスは商人と製造業者の「卑劣な強欲〔mean rapacity〕」と「独占欲〔mono-polizing spirit〕」こそが，この貿易の敵愾心を思いつきこれを広めたのだとする (Smith, 2003: 622)．そしてこの敵愾心に対抗しうる，多くの人々の「利害関心〔interest〕」として，「欲しいものを何でも最も安く売ってくれる人から買うこと〔to buy whatever they want of those who sell it cheapest〕」(Smith, 2003: 622)

を挙げる．スミスによれば，これは証明を要するまでもない自明の理であって，この「人類の常識〔common sense of mankind〕」を打ち破るのは「商人と製造業者の下心ある詭弁〔interested sophistry of merchants and manufacturers〕」によってさえ不可能なのだという (Smith, 2003: 622)．「貿易収支の均衡〔balance of trade〕」を名目とする関税と輸入制限は，結局のところ，商人と製造業者による「国内市場における独占〔monopoly of the home market〕」に根ざすものにほかならないが，これこそまさに相手国との敵対をあおるものだという (Smith, 2003: 622)．

　こうした貿易の敵愾心に対し，スミスは以下のように，貿易，商業が本来は平和裏に行われるものだということを，あたかも商業とは平和の別名であると言わんばかりに，主張する．

　　しかしながら，隣国の富は，戦争と政治の観点からは危険なものだが，貿易の観点からは〔自国にとって〕有益であることは間違いない．敵対状態〔state of hostility〕においては富が，敵国の陸海軍の自国に対する優勢を保つための手段となるが，平和と商業の状態〔state of peace and commerce〕においては，隣国の富は，われわれとの交換によってより高い価値を生み出すものとなり，われわれの産業の直接的生産物にとって，またはこの生産物によって購買されるあらゆるものにとって，よりよい市場〔better market〕を生み出すものとなるのである (Smith, 2003: 622)．

スミスの言う「よい市場〔good market〕」(Smith, 2003: 623) とは，関税や輸入制限によって商品が高額なままに据え置かれるのではなく，安価で良質の商品が自由に，かつ大量に売買される市場，自由貿易による大規模市場である．この観点からスミスは，「外国貿易によって豊かになる国は，隣国のすべてが豊かで勤勉な商業国家である場合に最もそうなる可能性が高い」(Smith, 2003: 623) と述べ，隣国とのあいだで貿易の敵愾心をもたない状態，相互に繁栄する状態を望ましいと想定する．

　これに対し彼は，「四方を野蛮で貧しい漂流民に取り囲まれた大国は，疑いもなく，外国貿易ではなく，国内の農業と国内の交易によって富を獲得する」

(Smith, 2003: 623) と述べ，歴史上の具体例として古代エジプトと18世紀当時の中国〔清朝〕とにおける貿易の禁止・制限を引き合いに出して，貿易の敵愾心に基づく「隣国貧困化政策〔impoverishment of all our neighbours〕」(Smith, 2003: 623) の不合理性を明らかにし，「現実的な利害関心〔real interest〕」(Smith, 2003: 624) に基づき，まずは隣り合う大国であるフランスとイギリスの間の自由貿易の必要性を主張する．

　スミスがここで，英仏両国の規模の同等性を引き合いに出していることは重要である．というのも，スミスは海峡を挟んだこれら二大国間の友好関係を念頭においていると考えられ，一般的な自由貿易主義を説いているわけではないと考えられるからである．

　18世紀当時の状況にかんがみて，スミスは，アメリカ植民地の8倍の人口を擁するフランスの方が，アメリカよりもはるかによい市場であり，同様のことがフランスにとってのイギリスにもあてはまるという (Smith, 2003: 624)．スミスは次のように，英仏両国の規模の同等性を引き合いに出して，両国間の自由貿易の妥当性を根拠づけようとする．

　　　グレートブリテンとの貿易は，フランスにとっても〔グレートブリテンのフランスとの貿易と〕同様に有益である．この有益性は，両国の富，人口，近接性に対応して，フランスが自国の植民地において有する有益性を〔イギリスが自国の植民地において有する有益性と〕同様に上回るであろう (Smith, 2003: 625).

　ここでスミスは，原理的な観点から経済発展段階，人口，地理的近接性を自由貿易の前提条件として挙げているわけではない．だが他方彼は，自由貿易を一切の前提条件なしに要求しているわけでもないと思われる．むしろ自由貿易の適合性が国の規模や地政学的な条件によって異なる度合いで現れるという洞察が，ここで述べられていることの核心である．とりわけ，隣国として貿易を通じて友好関係を築くことを可能にする国力および地政学的条件が，それ自体，貿易の敵愾心，敵対的な貿易統制，そして戦争をも引き起こす可能性があることから，こうした事態の悪化を防ぐためにも，両国間の自由貿易が堅持される

べきだとスミスは説いているのである.

4-5 フリードリヒ・リストの「政治経済学」

　ところで，19世紀半ば，ドイツのフリードリヒ・リストは，アダム・スミスを正面から批判して保護関税政策を支持した．その際，スミスや J・B・セーの経済学を，個人の次元と人類の次元とを一挙に結びつける「世界政治〔世界市民〕経済学〔kosmopolitische Oekonomie〕」と称し，これに対して，個人，人類の間に「国民〔Nation〕」の次元を挟み込む「政治経済学〔politische Oekonomie〕」を自身の理論体系として展開した．前者が「交換価値の理論〔Theorie der Tauschwerte〕」だとすれば，後者は「生産力の理論〔Theorie der productiven Kräfte〕」なのだという (List, 1844: 19).

　リストの主張で特に注目すべきであるのは，「世界政治経済学者」とリストによって称されたスミスなどが生産的労働を，蓄積可能な有用価値・商品価値を生産する労働だとしているのに対し，「政治経済学」は，直接的に有用価値・商品価値を生み出すのではなく，その場で消費・蕩尽される対象を生み出す労働（例えば医師，法律家，教師，芸術家などの労働）を，「生産力を生み出す労働」と規定しているとする点である．とりわけ〈人材育成〉という意味で捉えられた教育の観点を全面的に取り入れているのがリストの経済学構想であり，いわゆる「歴史主義経済学」という学派名称も，各国民の段階的な経済発展を教育政策的観点から捉えたものだという意味で理解すべきであろう.

　また，先述のフィヒテ閉鎖商業国家論との関連で言えば，リストの体系は自由貿易への批判的姿勢，保護主義的姿勢によって特徴づけられるとはいえ，けっして貿易禁止を説く立場ではない[9]．むしろ，産業構造が農業中心のものから製造業が発達したものへと移行するまでの暫定的な措置として，保護関税を採用すべきだということが説かれているにすぎない．農業と工業がともに発展した国と農業中心の国との間には対等な自由貿易は成り立たず，特に戦時において，前者が工業生産物の輸出を止めた場合に後者が決定的に不利な立場に

立たされる，というのがリストの見解であった．このことから，特に工業生産力を国家経済に備えさせるために，鉄道をはじめとするインフラ整備，専門人材育成等が政治主導で実施されることが必要だとされ，保護関税はその政策の一環なのである．

このように，リストの保護貿易主義はスミスの自由貿易主義に対抗して提起されていると同時に，フィヒテの閉鎖商業国家論にも対立している．フィヒテが貿易の敵愾心を国内経済秩序の攪乱要因だとしてこれを排除する策を打ち出したのに対し，リストは保護貿易政策の暫定性を強調する．リストが究極的に目指すのは自由貿易主義が目指すのと同じ永遠平和であり，その道筋に相違があるにすぎない．一方，外国貿易の国家による独占というまったく別の手段によって，フィヒテが目指したのもやはり永遠平和であった．

なお，リストがスミス経済学を「世界政治経済学〔世界市民経済学〕」と称し，国民性の次元を認めない個人主義と，交換価値偏重の唯物論として特徴づけたのは，のちの反イギリス・イデオロギーの萌芽形態である（後述）．個人性と人類性との間に位置づけられる国民性を強調し，同等の発展段階に達した国家同士の関係を構築するまでの経済発展過程を重視したのも，リストの慧眼であって，生産力の理論も含め，スミスの理論の欠落を埋め合わせる理論体系が目指されている．とはいえ，上述のように，スミスは貿易当事国の国力や地政学的条件が，自由貿易が正当に機能するための補完的な役割を果たすと考えており，彼は単なる抽象的な自由貿易論者ではけっしてなかった．このことをリストは十分に考慮に入れていない．世界政治（世界市民），個人主義，唯物論という特徴づけもそれ自身，理論において用いる概念としてはあまりに抽象的・図式的な論争的概念であって，スミスの理論の総体を的確に表現したものとはなっていない．

むしろ，リストがなかば軽蔑的に世界市民主義の概念を用いたことで，彼が言及していた永遠平和への道筋もかえって遠のくことになりかねない．スミスにおいても，商業と平和との関係は十分に論じられたわけではなく，むしろ自由貿易を可能にする諸条件，とりわけ大国どうしの隣接関係が，貿易の相乗効果だけではなく，貿易の敵愾心を誘発するという点を，問題提起として述べたにすぎない．ここでまさに，スミスと同年代のカントが提起した永遠平和構想

が，国際経済の実情に照らしながら具体的に展開される余地と必要性が垣間見えてくるが，哲学的教養よりも技術発展，国力増大の方に関心があり，またすでに18世紀啓蒙の精神からも遠ざかっていたリストには，そうした問題意識が自覚されることはなかったのである．

4-6 商業平和論の系譜（その3：スペンサー）

　ヒュームの議論においては，商業が軍事力とともに国力全体を構成するという点でその意義が強調されていた．同様に商業の重要性を強調しつつ，これを平和構築との関連で詳述したのはハーバート・スペンサーである．彼は『社会学原理〔*Principles of Sociology*〕』の第5部（1881年）において，「軍事的タイプ〔militant type〕の社会」と「産業的タイプ〔industrial type〕の社会」を対比し，前者と後者との相違を「勤勉さ〔industriousness〕」すなわち労働の量ではなく，「労働者の組織形態〔mode of organization of the labourers〕」すなわち労働の質的側面に求めている．軍事社会から産業社会への質的変化は徐々に起こるとして，次のように述べている．「労働者が獣のように所有され，もっぱら主人の利益のために働くものと考えられている状態〔軍事社会〕から，主人や土着地域からすっかり解放され，どこでもだれのためにでも働くことができる状態〔産業社会〕への移行は徐々に起こる」(Spencer, 1898: 605).

　スペンサーによれば，社会集団が敵対関係にあれば自身の社会を守るために協働が不可欠であるが，敵対関係が存在しないかぎり，協働は必ずしもなくてもよく，各自は自身の労働によって生計を立て，必要な物資を交換し，社会全体からの命令なしで任意に約束を結びこれを守るという (Spencer, 1898: 606f.).「軍事的タイプ〔の社会〕」には協働の必要性が内在しているのに対し，産業的タイプ〔の社会〕においてはそのような必要性は外在的となる．長期にわたる戦争状態は人間に攻撃的な性質を与えるが，協働は〔敵と戦うために〕そうした性質には求められるものの，平和な生活が続くようになると，協働の必要性は後退していく」(Spencer, 1898: 607). つまりここでは，恒常的な戦争から恒

常的な平和への移行が，人間性と社会のタイプとを変えていくと主張されている．逆に，人間性と社会のタイプの変化が平和をもたらすという因果関係も想定され得るが，この点は後述する．

　スペンサーはまた，個人と社会・国家との関係について次のように述べる．「軍事行動のために組織された社会においては，各々の成員の個人としての性質〔individuality〕は生活，自由，財産といった点において従属的であり，大半，または大部分，国家によって所有されている．これに対し，産業的に組織された社会においては，個人の従属はそれほど要求されない．つまり，〔戦争状態によって〕他人の命を奪う反面，自分の命をも犠牲にすることが求められるような状態はもはや存在しないのである．〔…〕産業的体制〔industrial *régime*〕のもとでは，市民の個人としての性質は，社会によって犠牲にされるのではなく，社会によって守られなければならない」(Spencer, 1898: 607)．産業的社会においては社会が個人の権利を保護すべきことが明確に述べられている．

　さらに，産業社会においては公的組織〔public organizations〕に対して私的組織〔private organizations〕の比重が高まるという．これは上述のことの当然の帰結であって，協力関係が私的取引によるものを中心とするようになり，生存のための強制された協働〔compulsory cooperarion〕から，自発的な協働〔voluntary cooperation〕へと移行する (Spencer, 1898: 613, 618)．この場合，意志決定機関は私的組織においても公的組織においても代議制度〔representative constitution〕が採用される (Spencer, 1898: 613)．

　先述の「産業社会」と「平和」相互の関係についてだが，スペンサーは，産業社会の進展とともに経済的自足性〔economic autonomy〕を後退させ，必要充足のために対外的に相互依存的〔mutually dependent〕となる傾向がある点を指摘している．これはスペンサーによれば，平和な国家間関係が続いていることを前提とするが，その一方で次のように，産業社会から国際的依存関係へ，そして国際組織による平和維持へ，という経路も同時に想定されている．「産業主義〔industrialism〕の拡がりとともに，〔国際貿易を通じて〕国家間の分離が打ち破られる傾向が強まり，諸国家間の共通組織〔common organization〕が作られる．これは単一の政府〔a single government〕を意味するのではなく，諸政府の連合体〔a federation of governments〕である」(Spencer, 1898: 615)．

『社会学原理』に先立ち，スペンサーは『倫理学原理』の第1巻第1部「倫理学の与件」（1879年）のうち，第8章「社会学的視点」において，産業主義と平和の問題を扱っている．ここでも産業主義が平和を可能にするという論点は直接には扱われていないが，『社会学原理』の先述箇所にはない論点として，国内における産業主義の拡がりおよび平和的関係の拡大と，対外関係における敵対状態とのギャップが，倫理的不整合を来すという論点が指摘される (Spencer, 1896: 135)．この論点は，対外関係を念頭に置くことなく行われる社会内部の変革が，やがて対外貿易を通じて対外平和につながる，という想定と矛盾しない．実際，スペンサーは，社会的分業とそれにともなう「自発的協働」の倫理的実質としての平等な互恵関係 (「衡平な用益交換〔equitable exchange of services〕」(Spencer, 1896: 146)，「産業主義にとっては，用益の交換によって与えられ，受け取られる利益を超える利益を与え，受け取ることは必要とされない」(Spencer, 1896: 147)) に触れ，さらに次のように，個人的幸福の社会的福祉に対する優先性を明確に述べており，対外関係による軍事社会の強制は，直近の〔proximate〕一時的な措置にすぎないと述べている．「かねてより個人の生活の促進は究極目的〔ultimate end〕であった．そしてもしこの究極目的が，共同体の生命を保持するという直近の目的〔proximate end〕に対してあと回しにされたとしても，それはこの直近の目的が究極目的のための手段にすぎない，という理由からである．集団〔aggregate〕がもはや危機にさらされていないならば，追求すべき究極目的である構成単位〔units〕の福利はもはや後回しにされる必要はなく，追求すべき直接的目的となる」(Spencer, 1896: 134)．

社会の内的な発展経路が対外関係によってのみ規定されることはあり得ない．スペンサーが取り上げている分業の進展と相互依存関係の深化，そしてその際の平等な互恵関係の進展（「身分から契約へ」）は，対外関係からは相対的に独立して，社会を内部から身分階層的な軍事的組織から平等な産業的組織へと変え，それが，国境を越えた経済的依存関係の深化と国際機関（「諸政府の連合体」）の設立により，国際平和を可能にする，という見通しにつながる．これは，スペンサーが直接には語っていないとはいえ，彼の構想と矛盾しないであろう．

4-7 シェーラーによる商業平和論批判

　先述のスペンサーの議論は本書の想定する「商業平和論」のエッセンスを相当部分カバーしている．この19世紀末の平和への見通しが，20世紀に入るやことごとく裏切られるのは周知のとおりである．哲学・倫理学の分野において，20世紀の政治的激動に対しどのような反応が見られたかは，注目に値する．ここでは，マックス・シェーラーの第一次世界大戦時における，スペンサーを含むイギリス思想への激烈な批判に注目したい[11]．

　シェーラーは『戦争の精神とドイツ戦争』（1914/15年）(Scheler, 1982) において，スペンサーの見解を，商業・交易の発達によって諸国間の利害の連帯が生じ，それとともに義務，愛，犠牲といった戦争の際に駆りだされる徳は無用なものとなるとの主張としてまとめている (Scheler, 1982: 17, Anm.)．スペンサーのこの〈商業平和論〉も含めて，「イギリスの国民精神〔national-englischer Geist〕」としてシェーラーは「自由主義」と「功利主義」とを挙げ，これらはいずれも，歴史を環境への適合によってとらえる「イギリス生物学」または静的歴史把握（マルサス，ダーウィン，スペンサーに見られ，環境創造による動的歴史把握と対立する）(Scheler, 1982: 19f.) を共通の根とするとしている．

　シェーラーによれば，自由主義は個人主義的国家契約説に基づく．それは，世界の部分に対する神，表象および衝動に対する人格，経済過程に対する国家，精神文化に対する教会といった諸力の働きの中心を機械論的観点から否定する (Scheler, 1982: 27)．そこでは国家は「生命と意志の根源的共同体」(Scheler, 1982: 27) であることが認められない．またアダム・スミスの自然的利害調和論または「原理的自由貿易論」は，特殊利害を人類一般の利害として偽装する「偽善〔cant〕」にほかならないという．「スミスが，「自給自足できない島国は自由貿易が必要である」と主張していたならばそれは国家の置かれた特殊な歴史的状況に基づく理論として妥当である．しかしスミスはイギリス国民を「人間〔一般〕」と混同した．ここに彼の理論の cant がある」．スミスのこうした一面的な経済的観点に対しては，経済的自給の自己価値が見直されなければならず (Scheler, 1982: 28)，またイギリス人は利害計算の対象としてヨーロッパを

見るのではなく，「ヨーロッパの構成員」の立場にもどらなければならないという (Scheler, 1982: 28f.).

つぎに功利主義は，精神価値（認識，学問，芸術）と生命価値（国民の力・健康，真の「権力」）を効用・技術価値に従属させているという．効用価値は国民国家の相違を必要としないため「国際的」でありうるが，それを過大に評価すれば，（シェーラーの戦争直前の論文集のタイトルにあるように）「価値の転倒」となる (Scheler, 1982: 29). この点をシェーラーは地政学的に分析し，イギリスは島国であるため，国民を一つにつなぎとめる精神的紐帯が弱く，制約のない功利的心情が精神的紐帯とすらなっているとする．スミスの「中立的な観察者」の反省的同情も，ヒュームが名誉の評価を効用および信用能力から導き出したのも，本質的にはともに，勤勉，堅実，正直，名声，生命エネルギーの安定性等の派生物として生命価値をとらえることに基づいているという (Scheler, 1982: 30).

自由主義および功利主義の根底をなす進化論的・静的歴史把握においては，戦争が生存・環境適応競争の延長として理解される．だがシェーラーによれば戦争は本質的に，環境からの刺激からは独立し，上昇，発生，成長への志向の表明である (Scheler, 1982: 31). この点に関しシェーラーは，すでにニーチェがダーウィン進化論を批判して，そこでは生命の本質である活動性が奪われ，生命世界の展開，差異化，形式変更に固有の自律的原因が認められていないと述べていた点を指摘している．

ニーチェは偶然の変異が生存維持に役立つという説をみとめず，環境を拡張し，これを活動的に形成する生命の力を「権力への意志」と称した．ダーウィン進化論は実際には，「オーソドックス・ピューリタン」であるマルサスの人口論を生命現象へ投影することによって成立した学説であるとの見立てのもと，シェーラーは，生命界において生存闘争が起こるのは，特定の環境を拡張し，形成する力が衰えること，つまり生の停滞・下降によって，少なくなった分け前をめぐってであるという（著書『価値の転倒』においては，その際の喪失を恐れ，持てる者を妬む心情がニーチェにならって「ルサンチマン」と称される）．発展・拡張・形成のために行われることはむしろ競争の抑制であり，組織が分化することによって諸力は共生・連帯し，生存闘争というのは辺境の移行現象

にすぎないという．高次の有機体においては奪い合いはまれであり，奪ったものの共同の分配・消費が増大するという (Scheler, 1982: 33f.)．

　進化論的・静的歴史把握に対置される有機体的・動的歴史把握は，シェーラーにとっては，イギリス自由主義・功利主義に対抗する「ヨーロッパの連帯」の歴史哲学の端緒である．シェーラーによれば，自由主義は「イギリス商人哲学〔englische Kaufmannsphilosophie〕」であるが，これを人類レベルへと一般化した際に功利主義となり，さらに生命レベルへと一般化した際に進化論となるという (Scheler, 1982: 36)．

注

(1)　ヒュームはこの論文の末尾近くで以下のように述べている (Hume, 1993²: 213)（引用は（ヒューム，1982: 151)）．「告白しなければなりませんが，君主や国家が，借財，国債，抵当のさ中で，互いに戦い覇を競い合う光景に接するとき，わたくしはつねに，陶磁器店で繰りひろげられる棍棒競技を見る思いをさせられます．主権者自身にとっても国家にとっても有用である人命と財産とに対し，主権者たちがほとんどなんの同情も持たぬとき，彼ら自身にとっても有害であり国家にとっても有害であるようなタイプの財産〔国債〕に対し彼ら主権者たちが特に同情を寄せそれを保護するであろうとどうして期待できましょう」．カントの引用文は以下のようになっている．"Wenn ich jetzt (sagt er [Hume]) die Nationen im Kriege gegen einander begriffen sehe, so ist es, als ob ich zwei besoffene Kerle sähe, die sich in einem Porzellänladen mit Prügeln herumschlagen. Denn nicht genug, daß sie an den Beulen, die sie sich wechselseitig geben, lange zu heilen haben, so müssen sie hinterher noch allen den Schaden bezahlen, zahlen, den sie anrichteten" (7: 93f.)．1754 年に出版されたヒュームの公的信用論のドイツ語訳 (Hume, 1754: 176f.) では次のようになっている．"Ich muß es gestehen, wenn ich Prinzen und Staaten mitten unter ihren Schulden, Fonds und versezten Einkünften streiten und fechten sehe, so kömmt es mir eben so vor, als wenn sich ein paar Leute in einem Laden von chinesischen Porcellain mit Prügeln herumschlagen. Wie kann man erwarten, daß Prinzen eine Art von Eigenthum schonen werden, die ihnen und dem Staat schädlich, da sie mit dem Leben und den Gütern der Menschen, die beyden so nützlich sind, so wenig Mitleiden haben?"カントはヒュームの文章から，「陶磁器店で繰りひろげられる棍棒競技」の例え話だけを（ほぼ）正確に引用し，ヒュームの主眼である「国家によっても主権者にとっても有害な国債への無感覚」を引用していない．カントはヒュームからの引用だとして，「彼らは相互に与えた傷を治さなければならないだけでなく，みずから引き起こした損害を補償しなければならない」と書いているが，ここはカントの創作である．

(2)　「状況の相違と諸国民間の相違をすべて破棄して〔国家〕公民〔Bürger〕ではなくもっぱら人類に属しているものは，学術を措いて他にはない．学術を通じて，否まさに学術を通じてのみ，人類は他のすべての点において諸国民の隔絶が完成したのちに，ますます相互の交流を深める．他のすべてのものが〔諸国民間で〕分割されたのちにも，学術だけは共有財産でありつづける．閉鎖された国家といえどもこの〔学術の国際的〕交流を破棄することはなく，それどころかむしろこ

れを奨励する．というのも，人類が力を合わせて学術を振興することは，〔国ごとに〕それぞれに分かれた地域的な〔地上的な irdisch〕目的を促進するからである．外国の豊富な文献は俸給を支払われた学術団体によって輸入され，国内の文献と交換される〔その対価として国内の文献が輸出される〕」(Fichte, 1845: 512).

(3) フィヒテは貨幣を「商品の直接的表徴〔unmittelbares Zeichen der Waare〕」として規定している (Fichte, 1845: 492).

(4) 「この〔国家間交易を学術交流に制限し，外国貿易を排除する〕体制が一般的となり，諸国民間の永遠平和が樹立されたのちには，地上のいかなる国も自身の〔学術的〕発見を隠し立てすることはない」(Fichte, 1845: 512).

(5) 「国際法の理念は，相互に独立した複数の近隣諸国間の分離〔Absonderung〕を前提としている．そのような〔諸国家分離の〕状態は，それ自体としてみればすでに戦争状態なのであるが〔…〕，それにもかかわらずこの状態は，理性理念に従えば，他の〔各国の〕権力に覆いかぶさって世界的専制体制〔Universalmonarchie〕へと移行する権力による，各国の混淆状態にくらべるならばまだよいほうである．なぜなら，規模の膨張した統治権力を伴う法は，つねに実効力を失い，魂を欠いた専制〔ein seelenloser Despotism〕は善への萌芽を根こそぎにしたのちに無政府状態に帰着するからである」(8: 367).

(6) なおこの論点は，気概（テュモス）を欲求（エピテュミア）と対置し，理知（ロゴス）とあわせて三つの魂の部分を論じたプラトンの『国家』を思い出させる（プラトン, 2008: 355).

(7) 「何ものかが目的それ自身〔Zweck an sich selbst〕となりうるための唯一の条件をなすものは，相対的な価値〔ein relativer Werth〕すなわち価格〔Preis〕をもつのではなく，内的な価値〔ein innerer Werth〕すなわち尊厳〔Würde〕を有する」(4: 435).

(8) ほかにも次の表現がある．「二国間の自由で開かれた商業を両国にとって有益とするのと同じ状況が，この商業そのものへの根本的な障壁ともなっている．隣接するということは必然的に敵同士でもあり，この点において両国の富と力は，互いに脅威となる．国同士の友好関係〔national friendship〕にとって有益性を増すはずの当のものが，国同士の敵対関係〔national animosity〕を助長する結果となっているのである」(Smith, 2003: 625).

(9) 「保護体系〔Schutzsystem〕は，それが対外競争を一挙に全廃し，保護されるべき国民を他の諸国民から孤立させる〔isoliren〕ことを意図するならば，世界政治経済学の原則だけでなく，自国民の合理的な利益にも衝突するであろう．保護すべき製造業が発展の初期段階にあるならば保護関税をかけるのが妥当であるが，国民の精神的・物質的資本〔geistige und materielle Capitale〕，技術的練達度，企業家精神の増大にともなって，保護関税は少しずつ引き下げていくのがよい．また産業諸部門のすべてを同等に保護するということも必要ではない．最も重要な部門だけを特別に保護すればよい」(List, 1844: 261).

(10) 「自発的協働」に関連して，スペンサーはヘンリー・メーンの「身分から契約へ」の移行も社会進化の一要因に組み入れている (Spencer, 1898: 619).

(11) 以下のシェーラーについての記述は（桐原, 2009）に依拠している．

第5章

カント私法秩序論の
経済秩序論への読み替え

前章では，ヒュームに端を発し，スペンサーにおいて一定の結実を見る商業平和論が，とりわけ商業・自由貿易と平和との結びつきにおいて，フィヒテ，そしてシェーラーの批判の対象となった経緯を概観した．これはおおよそのところ，イギリス自由貿易主義と，ドイツ保護貿易主義という，19世紀の政治経済的対立図式を哲学・倫理学の立場から反映したものとなっている．

　シェーラーはイギリス経済思想の根幹部分にあたるジョン・ロック流の労働所有論，植民地主義論およびスペンサーにおいて典型的な進化論的・受動的環境適応論を「商人哲学」として非難し，戦争による所有権と秩序の樹立，中欧経済圏の自給自足論および精神的・能動的環境創造論をこれに対置する．またシェーラーは，カント平和論を，一方においては契約国家論の延長線上にあるものと捉えながら，他方において，戦争において示される武勇の積極的意義のカントによる指摘にも言及することで，カントを「商人哲学」サイドから引き離して自身の側に引き寄せようとしている．

　こうした第一次世界大戦当時喧伝された「1914年の理念」に通じるイデオロギー的見解は，実際には，カントの哲学的立場とは相いれるものではない．前章で検討したように，カントは，武勇論をいわば〈過去の時代の，もしくは未開社会の遺物〉のように受け止めている可能性があり，国内外の法的状態においては紛争の平和的解決のみが容認されうると考えていたと思われるからである．他方，カントにも見られる労働所有論批判・植民地主義批判は，一見したところ，シェーラーの立場と近いように見えるが，カントがイギリス流商業平和論から離れた立場に立つのは，シェーラーの想定とは異なる理由からである．

　本章においては，カントの私法秩序論を概観し，これをカント独自の，イギリス系のものとは異質の経済秩序論へと読み替える可能性をさぐる．カント晩年の作品『道徳の形而上学』（1797年）前半部「法論の形而上学的基礎」（以下『法論』と略記）のうち，特に私法〔Privatrecht〕論は，法の規範性に関して，1) 空間・時間条件の捨象（普遍妥当性），2) 市民的秩序の保持（分配の正義と保護的正義）として再構成することができる[1]．私人間の関係を律する私法は，個人間，国家間の自由な私的取引における各人の権利・義務の確定をめざす経済秩序として解釈可能である．

5-1 感性的・物理的占有と可想的・法的占有

『法論』の §1 においてカントは，「占有」の概念を以下のように定義している．

　　「法的に私のもの」は，他人が私の同意なくして使用することが，私を侵害することになるよう，私が結びつけられているものである．使用の可能性の条件は占有〔Besitz〕である (6: 245)．

それに続いて，次のように，この占有概念が「感性的・物理的（経験的）占有」と「可想的・法的占有」とに区分される．

　　外的なものが私のものとなるのは，他人がある物件を使用することが，私がそれを占有していない場合にも，私を侵害することになる可能性があると，私が想定しうる場合においてのみである．――それゆえ，外的なものを自分のものとして持つということは，占有の概念が異なる意味，すなわち感性的〔sinnlich〕占有と可想的〔intelligibel〕占有という意味をもち，前者が同一の対象の物理的〔physisch〕占有，後者が単に法的な〔bloß rechtlich〕占有と理解されうるのでないならば，自己矛盾となる (6: 245)．

カントは私法論における占有の対象を「外的対象」に限定する．「法論への導入」の末尾に付された「法論の区分」においては，「生得的な『私のものとあなたのもの』は，内的な『私のものとあなたのもの』meum vel tuum internum と称することができる」とした上で，「というのは外的なものはつねに獲得されなければならないからだ」(6: 237) と補足し，内的・生得的権利と外的・獲得的権利との区分を明確にしている．それに続いてカントは「生得的権利はただ一つである」という表題の下で，次のように，内的・生得的権利を「自由」および「同等性」としている．

　　自由（他人による強制的な選択意志からの独立性）は，それが他の各人の自由

と普遍的な法則に従って両立しうるかぎりにおいて，この唯一の，根源的な，各人にその人間性ゆえに帰属する権利である．——生得的同等性，すなわち相互に拘束することのできない他人に対しては拘束されないという意味での独立性，自分自身の主 sui iuris となるという人間の性質，あらゆる法的行為に先立っては誰にも不正を行ってはいないという意味での品行方正な人間の性質，そして他人に対し，それを他人が受け入れる限りで，それ自身他人のものを減じることのないことを行う権限．それは他人に対し，自分の考えを伝え，何かが真理でありかつ正直，または虚偽でありかつ不正直であると，説明したり約束したりすることである．なぜならそれを信じるか否かは〔受け手である〕他人自身に委ねられているからだ (6: 237f.).

内的・生得的権利としての「自由」および「同等性」に基盤をもちつつそこから派生する外的・獲得的権利の対象が，占有の対象となる．それはもっぱら「外的対象」であるが，対象が権利主体としての私の「外に」あるという事態を，カントは次のように「所持なき占有〔Besitz ohne Inhabung〕」と称する (§1).

　　ある対象が「私の外〔außer mir〕」にあるという表現は，私（主体）とは「区別される〔unterschieden〕」対象であるか，それとも空間または時間において「他の場所において〔in einer anderen Stelle〕」見いだされる対象でもあるかのいずれかである．前者の意味で理解される場合においてのみ，占有は理性占有〔Vernunftbesitz〕であると考えられうる．後者の意味においては，経験的占有〔empirischer Besitz〕と呼ばなければならない．——可想的占有は（そのようなものが可能であるとすれば）所持なき占有〔Besitz ohne Inhabung〕である (6: 246).

空間的・時間的な意味での「外」にある対象が感性の対象である個々の事物（感性的占有の対象）であるとすれば，「私とは区別される」対象とは，感性的占有の可能性根拠としての可想的占有の対象である．地表面の形態（無限に広がる平面ではなく有限な球面）と，人類の複数性とによって，演繹的に導かれるのが可想的占有（「持つこと〔Haben〕」(6: 253) 一般）であるが，これは人類による共同占有の理念とほぼ同義であり，それと同時に，個々の経験的占有の規範的根拠となる．その際，人格間の知性的関係（共同体）を前提として，可想的占有が成り立ち，かつ，それに基づいて経験的占有が導かれるという構造

となると考えられるが，この点は公刊された法論よりも法論のための準備草稿においてより詳しく論じられている (Kirihara, 2009: 113-151).

なお，法論の準備草稿の私法論に該当する箇所では，単一性〔Einheit〕，数多性〔Vielheit〕，全体性〔Ganzheit〕および実体〔Substanz〕，因果性〔Causalität〕，相互作用〔Wechselwirkung〕のカテゴリーを手がかりに，所有，契約，（家族を中心とする）共同体を構造的に描き出す構想が詳細に記されている (Kirihara, 2009: 119ff.). この構想は公刊された法論では明示されなかった，もしくは断片化された．体系的な記述としては，「外的な私のものとあなたのものの取得への導入」において，取得対象としての物件が実体，（契約に基づく）役務〔Leistung〕が因果性に，人格そのものの状態が「共同性〔Commercium〕」に該当すると述べられるにとどまる (6: 259).

カントは『純粋理性批判』において，カテゴリーの超越論的演繹 (A: 95-130, B: 129-169) によって経験的認識のア・プリオリな存立構造を示そうとしていた．これと同様にカントは，元来の意図としては，法的諸関係全体を体系的に〈演繹〉することを意図していたものと考えられる．だがこの構想は，事実上断念される[2]．最も重要な論点として，たんにカテゴリーの形式的あてはめだけでなく，意志構造におけるカテゴリー適用が不鮮明となったという問題がある．

カントは公刊された法論においては一方的〔einseitig〕意志，相互的〔doppelseitig〕意志，全面的〔allseitig〕意志の区分に触れており (6: 260)，また適宜この区分を用いて特に可想的占有としての所有権の成立可能性を論じているのだが[3]，実はこの意志構造の区分は，所有，契約，共同体という私法論全体の枠組みを支えるものでもある．この意志構造の区分に，「経験的〔empirisch〕」占有と「可想的〔intelligibel〕」占有，または「物理的〔physisch〕」占有と「知性的〔intellectuell〕」占有との区別において用いられている人格間の知性的〔intellectuell〕関係性としての共同体の理念が加わり[4]，法論草稿においてはこの共同体の理念が全面的に論じられているのに対し，公刊された法論においては所有と契約それぞれにおいて的確にではあるが，しかし断片的にのみこの[5]知性的関係性が言及されている．

この「知性的関係」は，経験的関係（感性的関係または物理的関係）と異なり，感性的対象との直接的接触（物理的占有，労働による加工，強制的移動，

等々）をともなわない，いわば言語行為を介してのコミュニケーション的関係を意味する．「所持なき占有〔Besitz ohne Inhabung〕」(6: 246, 250) が正当な所有として成り立つのは，コミュニケーションにおける規範的拘束性に基づく．

したがって，本来の手順としては，まず人格間関係（共同体）が知性的関係として成り立ち，これを根拠としつつ物件を介して契約が，さらに対人関係を捨象して個々人の物件との関係（間接的な関係としての可想的占有，および直接的な関係としての経験的占有＝所持）が，順次〈演繹〉されていくはずのものである (Kirihara, 2009: 123)．わかりやすく言えば，暴力的・強制的支配を欠いた人格間の対等な信頼関係に基づく知性的関係こそが，人格間関係としての共同体，物件を介しての人格間の契約・約束，そして生存手段としての「私とは区別される」物件の所有の根底をなす．カントはこうした構想を，法論準備草稿において抱いていたが，これを展開することは公刊された法論においては断念されたのである．

しかしながら，人格間の，また人格と物件とのあいだのア・プリオリな知性的関係という表現として明確に残すことで，カントは，経験論の政治哲学における直接的・実効的支配，または直接的労働投下を対人関係と所有関係の正当化根拠とみなす発想に強力な楔を打ち込んでいる．このいわば〈人格間，人格・物件間のア・プリオリな関係性〉こそが，〈体制〉〈陣営〉イデオロギーとしての自由主義への対抗軸となる．

5-2 「物自体」としての占有対象

「外的な私のものとあなたのものの概念定義」と題された §5 は，『純粋理性批判』でも触れられている「名目説明」と「事象説明」（または「実在定義」「実在説明」）の違い[6]を引き合いに出しながら，両観点からの占有対象，すなわち「外的な私のもの」の定義を試みている．ここでは次のように，分析判断に基づく名目説明に対し，概念の対象の可能性を根拠づける，総合判断としての実在定義から，「可想的占有」の概念が導きだされる．

名目説明〔Namenerklärung〕は，客体を他のすべてのものから「区別する」ためには十分であり，概念の完全かつ規定された解明から出発するが，この名目説明によれば，外的な私のものとは，私が任意に使用するのを妨げることが侵害〔Läsion〕（不正〔Unrecht〕）であるようなもののことである．——これに対し，同概念の事象説明〔Sacherklärung〕は，この概念を「演繹する〔Deduction〕」（対象の可能性を認識する）ためにも十分であるが，この事象説明によれば，外的な私のものとは，「私が占有状態に置いていないにもかかわらず」（対象の所持者ではないにもかかわらず）私の使用を妨げることが侵害であるようなもののことである．——対象が「私のもの」と呼ばれるべきであるとすれば，私は外的対象を何らかの占有状態のもとにおいていなければならない．というのはそうでなければ，この対象を私の意志に反して侵害する〔affizieren〕者が，同時に私〔自身〕を冒す，すなわち侵害することにはならないであろうからだ．したがって〔…〕外的な私のものとあなたのものが存在すべきであるとすれば，可想的占有 possessio noumenon が可能であると前提されなければならない (6: 248f.).

　引用箇所にあるように，演繹〔Deduction〕とは対象の可能性の認識〔Erkenntniß der Möglichkeit des Gegenstandes〕を意味する．実際にこの演繹がなされるのは§6であり[7]，その趣旨としては，「ア・プリオリな法的総合命題〔synthetischer Rechtssatz a priori〕」としての「外的な私のものとあなたのもの」の可能性を認識するということである．ここで「ア・プリオリな総合的法命題」の内容は，要するに物件と人格との直接的接触（経験的占有，所持〔Inhabung〕）なしに，知性的占有として「私のものとあなたのもの」が成り立っている状態であるが，これがなぜ「ア・プリオリな総合命題」(A: 6ff., B: 10ff.) に該当するのかといえば，それは，占有の主体の「外」にその対象があるためである．これは前節で触れたように空間的・時間的意味での「外」にある対象ではなく，単純に占有主体から「区別」される対象という意味であるが，ここでの法的関係における「人格」と「物件」は「物理的」意味（たとえば身体と物体との関係）ではなく，「知性的」意味で考えられている．
　もともとの「ア・プリオリな総合判断」の意味は，主語概念に含まれない述

語概念を，（経験的直観ではなく）ア・プリオリな直観を介して主語概念に付加する，ということであった (B: 14ff., 4: 268ff.)．このことを踏まえると，「ア・プリオリな総合的法命題」としての法的関係は，人格の〈概念〉と物件の〈概念〉それぞれに対応する「ア・プリオリな直観」を介して，人格と物件とが結びつく，ということであると考えられる．たとえば，ある人物の所持品を奪うこと，あるいはこの人物を居場所から追い払うことは，それ自身が直接的にこの被害者自身を侵害することになる．これはカントの用語法では「分析的法命題」となるはずである．これに対し，物を直接には所持していない場合，あるいは住んでいる家屋から遠く離れている場合に，所有者の不在を狙ってこれらの物を奪ったり傷つけたりすることがなぜ侵害といえるかといえば，それは，これらの物（物件）において「物権」が成り立っているからである．所有者の「外」にあり，これとは「区別」される物件が，所有者と間接的に結びついているからこそ，そこから離れていても侵害が成立するのである．

このように，所有においては，人間と物との直接的・物理的関係が意図されているのではなく，間接的・知性的関係が念頭に置かれている．この間接的・知性的関係こそが，「ア・プリオリな総合的法命題」の意味するところである．それはどのように根拠づけられ，どのように「演繹」（その対象の可能性を認識）されうるであろうか．

5-3 「間接的」関係としての可想的占有

可想的・法的占有の直接の対象は「（勢力範囲におくことのできる）外的なもの」一般である．しかしそれは同時に，間接的には空間・時間の制約の中にある，「現象」としての感性的・物理的占有の対象（すなわち物件）でもある．「外的な私のものとあなたのものの原理の，経験対象への適用」と題された §7 は，特に可想的占有を，占有主体の物件との，他者との法的関係を介した「間接的」関係として規定している点において重要である．

単なる法的占有の概念は，（空間および時間の条件に依存した）経験的概念ではないが，それにもかかわらず実践的実在性〔praktische Realität〕をもつ．すなわち同概念は経験対象（その認識は空間および時間の条件に依存している）に適用しうるのでなければならない．〔…〕理性にのみ存する法概念は，直接的に経験の客体へ，そして経験的占有の概念へ，適用されうるのではない．そうではなく，まずは占有一般の純粋悟性概念に適用されなければならない．そうして，占有の経験的表象としての所持〔Inhabung, detentio〕に代えて，空間および時間の条件を捨象した持つこと〔Haben〕の概念が，そしてただ私の勢力範囲にある対象〔der Gegenstand als in meiner Gewalt, in potestate mea positum esse〕だけが考えられる．〔…〕さてそこで，実践理性は法の法則を通じて，私が，私のものとあなたのものを対象に適用する際，感性的条件に従ってではなく，それを捨象して考え（なぜなら選択意志を自由の法則に従って規定することがここで問題となっているのだから），さらに私のものとあなたのものの占有をも考えるということを望む．〔…〕私は，私が現にいるのとは異なる場所にある耕地であっても，その耕地を占有していると言うであろう．というのはここでは，私がある対象を私の勢力範囲においているかぎりにおいて（空間規定から独立した占有の悟性概念），対象への知性的関係 (ein intellectuelles Verhältnis zum Gegenstande) が問題となっているのであり，この対象が私のものであるのは，私が任意にこの対象を用いるよう規定する意志が，外的自由の法則に矛盾しないからである．〔…〕地上のある場所が外的な私のものであるのは，私がその場所を身体によって占拠〔einnehmen〕しているからではない（というのはこのことは私の外的自由，つまり私自身を占有することに該当するにすぎず，したがって〔外的対象の占有に関する外的法／権利ではなく，〕内的法／権利にすぎないからだ）．そうではなく，私がこの場所から離れ，他の場所にいるにもかかわらず，私がこの対象を占有している〔と言うことができる〕場合においてのみ，私の外的権利に該当することになる (6: 252f.).

　前節において，人間と物との間接的関係としての「ア・プリオリな総合的法命題」はどのように根拠づけられ，どのように「演繹」（その対象の可能性を認識）されうるか，という問いを立てた．カントによる実際の演繹 (§6) とは独立に，先の引用箇所からカントの答えを導き出してみよう．まずカントは，人間と物との個別的関係を人格と物件との関係へと抽象化・一般化する．そのうえで，人間による物の直接的占有（所持〔Inhabung〕）ではなく，人格が物件

を「持つ〔Haben〕」こと一般という理性理念を導き出す．むろんこれは無制約ではなく，「勢力範囲におく」ことができる範囲内で，という制約条件が付けられる（この論点は，所有権 property の制約条件としてさしあたり消費可能性——貨幣の導入によってこの制約条件自体が破棄されるが——を設定したジョン・ロックにやや近いであろう）．

　この人格が物件を「持つこと」一般とは，人類による地表面の共同占有と言い換えることも可能である．地表面の形状としての球面性，およびそこで暮らす人類の複数性によって，地表面を分割するという形での占有が（生存のための，また人格の独立性の確保のための手段として）必要となる (Kirihara, 2009: 140)．次に見るように，カントは可想的占有の前提として共同性を挙げているが，そのことの意図はここにある．

5-4 「共同性」を前提とする可想的占有

「外的取得の普遍的原理」と題された§10においては，「外的取得の原理」一般および，法的占有を実践理性に基づく法的公理から導出する際に鍵を握ることになる「根源的取得〔ursprüngliche Erwerbung〕」の諸要素が以下のように説明されている．

　　外的取得の原理は以下のようになる．私が（外的自由の法則に従って）私の勢力下におくもの，私の選択意志の客体として，（実践理性の公理に従って）私が使用する能力をもつもの，そして最後に，私が（可能な統合された意志の理念に従って）私のものであることを望むもの，これらは私のものである．[9]根源的取得の要素は以下のようになる．1) 誰にも属していない対象の占有行為〔Apprehension〕（そうでなければ占有行為は普遍的法則に従う自由に矛盾するであろう）．この占有行為は，選択意志の対象を空間および時間において占有することである．したがって，私が行う占有は，可感的〔sensibel〕占有（現象における占有 possessio phaenomenon）である．2) この対象の占有，およびあらゆる他人を占有から排除する選択意志の行為の明示〔Bezeichnung, declaratio〕．3)

普遍的に立法する外的な意志の（理念における）行為としての領得〔Zueignung, appropriatio〕．——取得の要素のうち最後のものの妥当性に基づいて，外的対象が私のものであるという結論が成り立つのであるが，この妥当性は，すなわち，占有が単に法的な占有として，妥当であるということ（可想的占有 possessio noumenon）は，次のことに基づいている．すなわち，これらすべての行為は法的であるため，すなわち実践理性に由来しているため，したがって何が正当であるか，という問いにおいては占有の経験的条件を捨象することが可能であるため，外的対象が私のものであるという結論は，可感的〔sensibel〕占有から可想的〔intelligibel〕占有へと正しく導出されている，ということである．／⁽¹⁰⁾選択意志の外的対象の根源的取得は，先占〔Bemächtigung, occupatio〕と呼ばれ，有体物〔Substanzen〕においてのみ生じる．そのような取得が生じたならば，それは経験的占有の条件として，物件を先占しようとする他の各人に対する時間的な優先性を必要とする．先占は根源的には一方的な〔einseitig〕選択意志の帰結でしかなく，というのは，そのために相互的な〔doppelseitig〕選択意志が必要とされるのであれば，二つの（またはそれ以上の）人格の契約によって，したがって他人のものから派生して〔abgeleitet〕くるものとなろう．——選択意志のそのような行為が各人にとっての自分のものを根拠づけるであろうかということは，容易には見通すことはできない．——その一方で，最初の取得はそれだけでは根源的取得ではない．というのは，すべての人の意志を普遍的な立法へと統合することによる公法的状態の取得は，それを前にしていかなる取得も先行することは許されておらず，それにもかかわらずこの取得は各人の特殊な意志から派生してきており，全面的〔allseitig〕であるからだ．なぜなら根源的取得は一方的な意志から生じうるものだからである (6: 258f.)．

　ここでの論点は二つある．第一に，法的公理に由来する他の人に先んじて行われる対象の「先占」が，共同の意志，およびそれによる共同占有の理念の下に包摂されることによって，根源的取得となること，そして第二に，この「根源的〔ursprünglich〕」取得が，契約から生じる「派生的〔abgeleitet〕」取得とは異なり，主体の一方的意志による先占に由来しながらも，その先占は暗黙裡に共同の「全面的意志」を念頭においていると想定されていること，である．

　この一見錯綜した論法は，カントの所有権論の要であり，可想的占有が抽象概念の〈普遍妥当性〉だけではなく，他者の存在を前提とした〈共同性〉を含

んでいることを示している．この論点はそのまま，カント的法概念の〈規範性〉の内容でもあろう．つまり，カント的意味での〈規範性〉は，〈普遍妥当性〉と〈共同性〉とを含む．この論点は，ヘーゲルまたはショーペンハウアーが「人格の自由」の実現としてであれ，「（盲目的）意志」の発現としてであれ，所有権をもっぱら一方的意志に基づくものとして捉えているのとは顕著な対照をなしている(11)．

5-5 「外的表徴〔äußeres Zeichen〕」としての経験的占有の対象

（ベルント・ルートヴィヒによれば準備草稿に属し，公刊された法論には含まれるべきでないとされた）§15補足部分では，外的対象の占有をめぐるいくつかの質問が扱われている．そのうち第二の質問においてカントは，労働所有論批判（後述）の文脈で，土地の「実体」としての占有に対して，その土地の上での加工はすべて「偶有性」に関する事柄にすぎず，その加工は実体の占有を根拠づけないと主張する．その中でカントは，この「偶有性」を「外的表徴」と述べている．

　　土地を加工すること（開墾，耕作，灌漑，等）は土地の取得のために必要であろうか．答えは否，である．というのは，これらの（区分けのための）形式は偶有性にすぎないため，直接的な占有の客体をなすものではなく，実体〔土地そのもの〕があらかじめ主体のものとして承認されているかぎりにおいてのみ，主体の占有に帰属することになるからだ．加工は，最初の取得という問題に関して言えば，占有行為の外的表徴〔ein äußeres Zeichen der Besitznehmung〕でしかなく，労を要しない他の多くの事柄に置き換えてもよい (6: 265)．

ここでは直接には述べられていないが，この記述から，カントは可想的占有を「実体」（物自体）の占有，経験的占有を「偶有性」（現象）の占有であると考えていると推定することができる．土地「そのもの」を人は経験的に占有す

ることはできない．占有の本来の対象は，勢力範囲におくことのできる外的対象「一般」である．しかもこの占有は，他の人びととの共同占有および共同の意志を介在させており，個別意志の専断を許さない構造をもつ．同じ節の第六の質問において，次のようにカントが植民地支配の妥当性を否定しているのは，それが植民者の個別的・専断的意志によって，しかも単に土地そのものの「偶有性」に加えられた労働に根拠が求められているにすぎないためである．

　自然でも偶然でもなく，たんに私たち自身の意志によってある民族と隣り合うことになった場合，この民族が私たちと市民的結合を行う見通しがあることを約束しないとすれば，私たちは，この市民的結合を設立し，この人びと（野蛮人）を法的状態に移す（アメリカの野蛮人，ホッテントット人，ニューオランダ人等のように）という意図の下，暴力をもって〔mit Gewalt〕または（よりましであるということにはならないが）詐欺的な売買によって，植民地を設立して彼らの土地の所有者となり，彼らの最初の占有を考慮に入れることなく，土地を優先的に使用する権限はないものだろうか．殊に（空隙〔無主物〕を嫌う）自然自体がそのことを要求しているように思われるし，それに，もしそうでないとすれば，洗練された生活を営んでいる住民の広大な土地に，今は実際に立派に人が住んでいるからよいようなものの，人が住んでいないような事態になっていたであろうし，そうであり続けなければならないかもしれない．そうすると，創造の目的が無駄になってしまうかもしれない．──このような論証が不正義の覆い（ジェズイット主義）にすぎないことは容易に見破ることができる．それは，良い目的〔とされるもの〕のためにあらゆる手段を是認することである．土地のこのような取得のありかたは無効である (6: 266).

5-6 「物件の人格化」

　可想的・法的占有の主体（人格）と，その占有の対象（物件）との関係は，当該人格が「勢力下におくことの可能な外的対象」という概念，および共同の意志を介して当該物件との間でとりむすぶ関係である．そこから物件をめぐる経

験的（空間的・時間的）諸条件を捨象したならば，残るのは人格間関係のみで
あることになる．この人格間関係を介することによって，可想的・法的占有は
人格と物件の間の「間接的」関係となるのである．「根源的取得の概念の演繹」
と題された§17の次の箇所において，カントは，法的公理から人格間関係とし
ての可想的・法的占有を導き出している．

　　〔…〕さてそこで，占有における，すなわちなんら拘束性をもたない対象に対
　する人格の関係における，この感性的条件を除外もしくは度外視（抽象）したな
　らば，諸々の人格に対するある人格の関係だけが残る．この関係においては，
　諸々の人格はすべて，ある人格の意志を通じて，その意志が外的自由の公準に，
　すなわちア・プリオリに統一されていると考えられる意志による普遍的な立法
　の能力の公理に即しているかぎりにおいて，物件の使用に関して拘束される．
　これはつまり，対象（私が占有している物件）が感覚の対象であるとしても，法
　を通じてのみ成り立つ物件の可想的占有である (6: 268).

　ここでの重要な論点は，法的拘束性をもちうるのは人格と人格の関係のみで
あり，人格と対象（物件）そのものの関係ではない，ということである．これ
は当然のことのように思われるかもしれないが，労働所有論を前提として自己
の人格への〈所有権〉を，例えばジョン・ロックがあいまいな形で想定してい
たことに鑑みるならば，カントのこの論点の射程はきわめて広いと言うことが
できる．まずこの労働所有論は，次のように「物件の人格化」という枠組みで
批判される．

　　土地の最初の加工，区分け，またはそもそも形態付与は土地の取得の権原を
　与えない．つまり，偶有性の占有は実体の法的占有の根拠を与えない．そう
　ではなくむしろ逆に，規則に従う私のものとあなたのものが，実体の所有権
　〔Eigentum〕から導き出されるのでなければならない．そして，あらかじめ自分
　のものとなっているのではない土地の上に労力を投じる者は，無駄な労働を費
　やしているのである．このことはそれ自体明らかであるため，あの古い，しか
　し今なお流布している見解〔労働所有論〕の原因を，物件を人格化する〔Sachen
　zu personificiren〕という，ひそかに支配的となっている虚偽以外に求めることは

できない．これは，あたかも誰かが物件を，物件に投下した労働によって拘束して彼以外には奉仕しないようにできるかのように，物件に対して直接に権利をもつことができると考えることである．というのは〔そうでなければ〕，（すでに言及した）「いかにして物件における権利は可能か」というもっとも難い問いに関して，いとも簡単に足を滑らせる〔誤った答えを出す〕ことはおそらくないだろうからである．というのは，物件におけるあらゆる占有者に対抗する権利というものは，特殊な選択意志が，総合的・普遍的な意志に含まれており，その意志の法則と調和していると見なされうるかぎりで，客体を使用することができるための〔zum Gebrauch〕権限を意味するにすぎないからだ (6: 268f.)．

さらに，（ジョン・ロックが前提としていた）人格の「自己所有」という観念もまた，次のように，そもそも所有権の対象は物件だけであるという理由から却下される．

　外的対象は，実体という点において誰かにとっての自分のものである場合，その人の所有物〔Eigemtum, dominium〕である．この所有物には，当該物件におけるあらゆる権利が（実体の偶有性のように）内属し，この諸権利を所有者dominus は任意に処分することができる．しかしこのことから明らかであるように，そうした対象は（それに対して人は拘束性をもつことができない）有体物でしかありえない．したがって，人間は自分自身の主〔eigener Herr, sui iurius〕ではあるが，（自分自身を任意に処分することのできる，という意味での）自分自身を所有する者〔Eigenthümer *von sich selbst*〕ではないし，いわんや他の人間の所有物であるのでもない．なぜなら人間は自分自身の人格における人間性に対して責任を負う〔er [der Mensch] ist der Menschheit in seiner eigenen Person verantwortlich〕からだ (6: 270)．[12]

　法的関係は可想的・法的占有としての所有権においてすでに，人格間関係を前提としており，物件と人格の「直接的」関係は，先占の場面における，または実際の物件の使用の場面における，対象の経験的性質，すなわち「外的表徴」との関係にすぎない．直接的強制手段を必ずしも前提としない，可想的な対人関係こそがカントが念頭におく法的関係なのである．私法論の§19は対人権を扱う章であるが，ここでは「可想的」，「知性的」な対人関係としての法

的関係が経験的諸条件を捨象して成り立つことが，次のように明記されている．

　　約束者〔Promittent〕のものが約束の受け手〔Promissar〕に移行するのは，それぞれの特殊な意志によってではなく，両者の統合された意志によって，つまり両者の意志が同時に宣言されるかぎりにおいてである．だがこのことは，時間の中で必然的に継起し〔folgen〕，けっして同時には起こりえない宣言の経験的作用によっては不可能である．というのは，私が約束し，他の人が受諾しようとする際，私はその間（どれだけ短時間であっても）受諾〔Akzeptation〕の前にはまだ自由であるのだから，〔約束を〕後悔することがありうるし，また受諾者〔Akzeptant〕もまた同様の理由で，約束に続いて返答を行うよう拘束されていると考える必要はないからである．——約束の締結に当たっての外的形式（握手，両当事者が藁をつかみこれを切断すること），その他約束の言明を確証するための行為は，いかに，どのような仕方で，順次継起するほかはない〔約束と受諾の〕言明をある瞬間に「同時に」実在するものとして表象するか，ということに関する契約当事者〔Paziszent〕の苦心を示すものにほかならない．だがこのことはうまくいかない．なぜなら，時間の中で継起する作用があるだけであり，一方の作用が存在する場合には，他方の作用はまだ存在しないかまたはもはや存在しないかのいずれかであるからだ．／だが，契約を通じての取得という概念の超越論的演繹は，この困難を解消しうる．法的な外的関係においては，私が他人の選択意志を占有すること（および互いに占有し合うこと）は，他人をある所為へと規定するための根拠としては，たしかに各人が時間の中で言明しまた返答することによって経験的に，占有行為〔Apprehension〕の感性的条件としてのみ考えることができる．その場合，両方の法的行為はつねに順次継起する．なぜなら，あの関係は（法的関係として）純粋に知性的〔intellectuell〕であり，立法する理性能力としての意志によって，あの可想的占有 possessio noumenon は，自由概念に従って，経験的条件を抽象して私のものとあなたのものとして表象されるからだ．その場合，約束〔Versprechen〕と受諾〔Annehmung〕という両方の作用は，順次継起するものとしてではなく，ただ一つの「共同の〔gemeinsam〕」意志に由来するものとして表象され（それは「同時に」ということばで表現される），さらに約束の対象 promissum は，純粋実践理性の法則に従って経験的条件を捨象することによって取得されたものと表象される (6: 272f.).

「経験的占有」と「可想的・法的占有」との相違に見られるように，カントの法概念は経験的条件を捨象して成り立つ規範性を特徴としている．その規範性概念は，1) 人格の自由・同等性を基調とする法の普遍妥当性（それは人格の自己所有論の批判につながる），2) 一方的意志ではなく，共同性による〈自由の秩序〉の根拠づけ（それは労働所有論と植民地主義の批判につながる）の両面において特徴づけられる．

さて，本章の課題は「私法秩序論の経済秩序論への読み替え」であった．以上の考察に基づいて，この課題にいかに答えることができるだろうか．

1780年代の歴史哲学論文から1795年の『永遠平和論』にかけて，カントが彼の市民的自由論（経済活動の自由と思想信条の自由を柱とする，幸福追求権）において，法秩序の果たす役割をきわめて重視していたことはこれまで述べたとおりである．この見解を批判哲学の方法に基づいてあらためて裏づけつつ，法秩序論を体系的に論じたのが，『道徳の形而上学・法論』であった．そのなかの私法秩序論においては，生得的自由を大前提に，人格と物件の区別，根源的取得，経験的占有からの可想的・法的占有の区別，そして共同性を介しての正当な所有秩序（自由の共存）が論じられていた．

最も重要な論点は，自由な人格の全面的な結びつき（可想的・コミュニケーション的関係性）としての共同体が法的関係の根源にあり，それが物件を介する相互関係に限定されることによって契約を，そして対人関係を捨象して一方的な人格・物件関係へと限定されることによって所有を，それぞれ法的関係として可能にする，という論点である．この論点は，個人の排他的権利として所有権を想定する自由主義の議論とカント政治哲学とを同列に置く立場からは奇異な解釈と見なされるであろう．

しかしながら，（この点は公刊された法論よりも法論の準備草稿においてより明確に述べられていたが）カントの主眼は，可想的・知性的関係として法的関係を特徴づけることによって，人間の人間に対する一方的支配関係と，人間の物に対する一方的占拠・労働投下とに対して，ただちには法的関係としての正当性を認めなかった，という点にある．これはカントの経験論的政治哲学への批判の核心部である．それと同時に，人格と物件との関係を，人格の（他人

格からだけでなく，可想的占有の概念を介して物件そのものからの[13]）独立性として構成することを通じて，現代における格差，労働条件，環境保護，等をめぐる経済社会的諸問題への批判的視座を提供する可能性がある．そして何よりも，この人格の独立性を念頭に置きつつ展開されたカントの植民地主義批判は，カント以後さらに加速した西欧列強による世界の分割に対して，すでに同時代において強力な批判の観点を提起していた．そして現代においても，たとえばロック労働所有論をしばしば理論的支柱としている，遺伝的資源への特許をはじめとする自然資源をめぐるいわゆる ABS(Access and Benefit Sharing) 問題に対して，カントの所有権論は，現地住民の根源的権利を中心に，対抗可能な哲学的根拠づけを提供する可能性がある．

注

(1) 以下，本章の記述は (桐原 , 2015) に基づきこれに加筆している．

(2) 『実践理性批判』においては純粋実践理性の原則（「あなたの意志の格率がつねに同時に普遍的な立法の原理として妥当するように行為せよ」(5: 30)；これは立法の原理が欲求の対象（実質）ではなくそれから独立した「普遍的な立法形式」であり，かつこの立法は「自己立法〔eigene Gesetzgebung〕を意味することから，自律〔Autonomie〕としても表現されている (5: 33)) の「演繹」と題された節において，感性界 (Sinnenwelt) の法則（自然法則）と抵触することなくなおかつ自然の原型 (natura archetypa) として提起される悟性界 (Verstandeswelt) を根拠としてこの原則が導出される (5: 43)．自律の法則である道徳法則がこの悟性界の原則なのだが，この悟性界の理念が意志の規定根拠となって自然に作用を及ぼした結果，自然は悟性界を模倣したもの (natura ectypa) として捉えられる．自然において純粋理性が，それに適合した物理的能力 (physisches Vermögen) を伴うことによって最高善 (das höchste Gut)（徳福一致）がもたらされると述べられているように (5: 43)，ここでの実践理性の原則は具体的内容を想定していた．ところがこの導出は実際には原則の「解明〔Exposition〕」であって，原則が経験的原理なしにそれ自身として，また他の実践的諸原則と区別した形で成り立つ，ということの説明にすぎないという (5: 46)．そしてこの実践理性の原則の演繹，つまり「この原則の客観的・普遍的妥当性の正当化およびそのア・プリオリな総合命題の可能性の洞察」は，「純粋な理論的悟性の原則」の場合に比べて首尾よく進むことを期待することができない，という (5: 46)．その理由は理論的悟性の原則が可能な経験の対象，すなわち現象にかかわり，その現象は法則によって明確に認識されるのに対して，実践理性の原則は経験界ではなく悟性界を根拠とする以上，確実な認識対象を構成することができないためである．ここにおいて理論理性と実践理性の明白な断絶が生じる．

カントはこの演繹の困難さを，実践理性の法的公理（「外的なもの（使用可能なもの）が誰か

にとって外的な自分のものとなりうるように，他の人びとに対して行為することは法義務である」(6: 252)）についても『実践理性批判』と同様に論じている．すなわち，可想的・法的占有は，「理性概念 (Vernunftbegriff)」すなわち理念であるがゆえに「その可能性を証明したり，洞察したりすることができない」(6: 252)．（「外的な私のものとあなたのものを理論的原理として考えるなら，可想的なものにおいてそれは失われ，〔ア・プリオリな総合命題として〕認識を拡張するものとしてこれを表象することはできない．なぜなら，この原理は自由の概念に基づいており，その可能性を理論的に演繹することはできないからである．そしてこの原理は，(定言命法としての)理性の実践的原則に，すなわちこの理性の事実に基づいてのみ，導き出すことができるからである」(6: 252)）．

たしかに，その法的地位を度外視して事実関係だけに注目するならば，経験的占有の方はその空間・時間内の所持の事実として，経験的認識の対象となりうる以上，この困難さは当てはまらず，その意味で法的占有の場合とは異なるようにも見える．しかし演繹は，必然的な対象認識の妥当性を証明することである．しかも，法的関係としての可想的占有は，その暫定性ではなく確定性において問われる．これは，実践理性の公理（普遍的道徳法則と理性の自律，およびその期待される——因果律に基づく確実な結果として認識されるのではない——最高善）とは異なり，現実の社会関係における権利義務関係の確定にかかわる．その意味において，本来は，所有，契約，共同体は，自然法則とは異なる（ただしそれと無関係ではない）が確実な認識対象として「演繹」されるはずのものだとも考えられる．この場合，カントは地球の球面性と人類の複数性とによる〈総体占有に基づく一定区画の土地利用〉の権利として可想的占有を論じる可能性にも折に触れて言及するが，断片的な示唆にとどめ，これを全面的に展開することは控えたのである．

このことの意義として考えられることは，所有関係を人為に基づく相対的に暫定的なものとし，自然法則に基づく現象のような永劫の不変性をもつものとは考えない，ということであるかもしれない．状況に応じた所有関係（そこから派生して，国土の領有関係）の変更は，あくまでの当事者の同意に基づいて可能であり，特定の所有（領有）関係を完全に固定することを否定することが，法的公理の演繹を否定することの間接的な帰結となりうる．しかしながら，このことは，権利義務関係の相対化をも帰結する．任意の根拠によって所有（領有）関係を変更することを容認すれば，法的関係は根底から揺らぐ．もちろんここでもカントは，一方的意志でも特定当事者間の特殊な相互的意志でもなく，全面的意志（統合された意志）に基づく同意を要件とするであろう．しかしこれ自体，法秩序の安定性という観点からは十分に明確な見通しとはいえない．

(3) 「一方的な選択意志によっては，他の人びとが物件の使用を控えるよう拘束することはできない．総体占有における万人の統合された選択意志〔vereinigte Willkür Aller in einem Gesammtbesitz〕によってのみ，そのような拘束性が生じるのである」(6: 261)．また 5-4 の引用箇所を参照．

(4) 法論の準備草稿においては，「経験的〔empirisch〕」占有と「可想的〔intelligibel〕」占有との区別のかわりに，「物理的〔physisch〕」占有と「知性的〔intellectuell〕」「仮想的〔virtuell〕」占有との区別が言及されている箇所がある．「物理的占有と知性的または仮想的占有との区別は，もっぱら，私のものとあなたのものという法概念の図式論と，その法概念そのものとの区別である〔Der Unterschied zwischen dem physischen und intellectuellen oder virtuellen Besitz ist blos der zwischen dem Schematism der Rechtsbegriffe im Mein und Dein von dem Rechtsbegriffe selbst〕」(23: 273)．

「仮想的〔virtuell〕」という語が用いられていることに加えて，物理的（経験的）占有を法概念の「図式論」としている点に注目すべきである．「物理的占有は所持であり，これは（法的な）私のものとあなたのものにおける，単なる選択意志による（法の）知性的占有の図式として考えられなければならない〔Der physische Besitz die Inhabung muß blos als das Schema des intellectuellen Besitzes (des Rechts) durch die bloße Willkühr im (rechtlichen) Mein und Dein gedacht werden〕」(23: 275) という表現もあり，「法の〔des Rechts〕」「法的な〔rechtlich〕」という補足説明によって強調されているように，ここで人格と物件との間の関係は，物件への直接的な物理的・実効的支配ではなく，コミュニケーションに基づく規範的関係である．

「図式論」については次の表現もある．「したがってわれわれは，法的占有の物理的条件を，法的占有の図式論と見なすのでなければならない．この図式論は〔占有の〕主体にとっては不可欠だが，客観的には〔法的占有は〕それ〔図式論〕なしでも成り立つ〔Wir müssen also die physische Bedingung des rechtlichen Besitzes nur als den Schematism des letzteren ansehen der zwar dem Subject nöthig ist aber objectiv auch ohne das besteht〕」(23: 278)（傍点は引用者）．最後の強調箇所は推測を交えた試訳である．図式論はもともと，カテゴリーを適用して対象認識を可能にするためにカテゴリーを直観化することを意図している (A: 137ff., B: 176ff.)．カントはこれを法的占有の概念に援用することを試みたわけだが，実践理性の所産であるはずのこの占有概念は，対象認識とは異なり，「図式論なしで」，つまり「物理的占有」なしで，純粋に知性的な法的関係として，つまり「もつこと〔Haben〕」一般という実践理念として，成り立ちうる，という趣旨であると解する．

カントは法論草稿において，次のように，法的関係の「知性」性を明確に述べている．「実践的理性概念は，根拠に基づく行為の概念であるが，この概念は客観的実在性をもつと同時に，感官においては表象することはできない〔Ein practischer Vernunftbegrif ist der Begrif von einem Grunde zu handeln der objective Realität hat aber den Sinnen nicht vorgestellt werden kann〕．義務，法，徳がこうした種類の概念である．そのような意味で，選択意志の外的関係における法は，実践的理性概念である．たしかに行為（選択意志の作用）〔Handlung (der actus der Willkühr)〕は理性概念にすぎないが，因果性のカテゴリーに属しており，図式において感性的直観に対して表示される．しかしながら，まさにほかでもない特定の根拠によって行為するという場合には，その根拠は感官に対して，これに対応する直観において与え，表示することができない」(23: 274)．

さらに，次のように，可想的・知性的占有を論じる文脈で，法的関係の「知性」性を「精神の国〔Geisterreich〕」という語を用いて強調した箇所もある．「というのは，私の法／権利は空間関係に依存するものではありえず，精神の国においてあてはまる知性的なものであるからだ〔Denn mein Recht kann nicht von Raumesverhältnissen abhängen sondern ist etwas intellectuelles was vom Geisterreiche gilt〕」(23: 301)．

(5) この断片化の要因の一つは，カントがもともと抱いていたと考えられる占有をめぐる共同体志向・人類志向の構想（それは法論準備草稿において見られる）を，公刊された法論においてマクファーソンの言うところの，ジョン・ロックに代表される所有個人主義〔possesive individualism〕に類似した構想に切り替えたことにあると推測される．

(6) 実在定義〔Realdefinition〕（実在説明〔Realerklärung〕）とは，事物の「名前」だけではなく，「対象」が認識され，概念を適用しうるようにする概念定義である．この定義によって，概念だけではなく，概念の「客観的実在性」が明らかにされる．数学的説明（例えば円の定義；「一点から一定の距離にある点の集合」）は概念に即して対象を直観において表示するものであり，実在定義・実在説明に当たる (A: 241f., Anm.)．

(7) §6 の演繹については，ベルント・ルートヴィヒ編の再構成版が内容上明快である．

(8) 「勢力範囲におくこと〔in jemandes Gewalt zu haben〕」の詳しい規定は §15 補足部分の以下の記述を参照（ただし，Bernd Ludwig 編の Felix Meiner 版では，§15 の記述は内容上，§17 と同一であることから，公刊書に収録するのは不適切であり，準備草稿に属するものだとされ，削除されている (Kant, 2009: XXXIV)）．「土地を占有することの権限はどこまで伸びるのであろうか．それを自

分の勢力範囲内に置くことができるかぎりにおいてである．すなわち占有者が領得し〔zueignen〕ようとし，この土地を防衛しうるかぎりにおいてである．これを譬えるなら，「君たちが私を防衛することができないならば，君たちは私に命じることはできない」と，土地が語っているようなものである．このことから，公海〔das freie Meer〕と領海〔閉鎖された海；das verschlossene Meer〕をめぐる争いは解決されるにちがいない．たとえば，大砲が到達しうる範囲内では，特定の国に帰属する陸地の海岸で漁をしたり，海底から琥珀をとったりすることは許されない」(6: 265).

(9) これ以下の箇所は，ルートヴィヒ編のフェリックス・マイナー版では §17 の「根源的取得の概念の演繹」に組み込まれているが，ここではアカデミー版に従う．

(10) これ以下の段落はルートヴィヒ編のフェリックス・マイナー版では準備草稿の内容に当たるとして削除されているが，ここではアカデミー版に従う．

(11) この点については (Kirihara, 2009: 136ff.) を参照．

(12) この段落はルートヴィヒ編のフェリックス・マイナー版では，§11 の補足部分に組み込まれている．

(13) 「仮にわれわれが物理的占有に拘束され，われわれが所持者〔Inhaber〕である以外に〔「私のものとあなたのもの」の条件が〕認められないとするならば，われわれからは客体を使用する自由〔Freyheit selbst des Gebrauchs der Objecte〕が奪われ，選択意志の対象の自由〔Freyheit aller Gegenstände der Willkühr〕が〔物理的占有・所持を離れた際に他の人の占有・所持となることを妨げることができないために〕奪われ，あるいはまたわれわれは，〔対象を自身の所有物とするためにつねにその対象を物理的に所持していなければならないために〕みずからわれわれの外にある事物に依存する〔sich selbst von Dingen außer sich abhängig machen〕ことになるであろう」(23: 308).

結論と展望

1

　商業平和論という，聞きなれない言葉を著作タイトルに含めた理由はなぜか．結論を述べるにあたって，まずはこの点についてコメントしたい．さしあたり研究のきっかけとなったのは，「商業精神〔Handelsgeist〕」が戦争を起こりにくくする，というカントの命題である．国民国家が国際社会の中心アクターでありつづける現代において，国境を越えた人，モノ，カネ，情報の交換を最大限認めることで，また国境付近の資源，環境を〈共有〉することで，国際社会において国民国家の占める重要性そのものが低下し，これに対して，民間組織と個人の国境を越えた関係性が比重を増すことによって，国家の〈暴走〉を抑止することができるのではないか．このようなそれ自身きわめてナイーブな考えと，このカントの命題とが合致するように思えたのである．

　本書で明らかにしたように，スペンサーは19世紀末の時点で，社会を〈軍事的タイプ〉と〈産業的タイプ〉とに分けて，おおむね，いま述べた商業平和論のアイディアを述べていた．18世紀以来，イギリスの哲学と経済学においては，商業平和論という名にふさわしい思想が共通了解事項となっていたのではないかと推察される．

　商業平和論は，20世紀，とりわけデモクラシー平和論に受け継がれる．後者の代表はアカデミズムの世界ではマイケル・ドイルであり，また一般読者層での知名度から言えばフランシス・フクヤマであろう．リベラルデモクラシー体制をもつ国家は，お互いに戦争をしにくくなる．この命題を，デモクラシー平和論者はカントの共和制国家論をも引き合いに出しつつ，強く打ち出している．その背景には，リベラルデモクラシー体制を拡大していくことによって平和を確立するという，西側〈陣営〉の大国における現実の政治課題とも結びついた見通しがある．

　だがここでは，この見通しの〈失敗例〉を挙げておきたい．一般的には国際関係論におけるリベラリズムの代表とみなされているカントに依拠しながら，リベラリズムとリアリズムとの対立そのものを克服する見通しを描いてみせたブルース・ラセットとジョン・オニールの2000年の著作 *Triangulating Peace*

(Russett, Oneal, 2000) である．基本的にはドイルの見解に沿いつつ，カント平和論の確定条項を念頭に置いて，ラセットとオニールは，①「デモクラシーは紛争を減らす」，②「デモクラシーと経済的依存関係はともに紛争を減らす」，③「国際機関もまた紛争を減らす」という命題を実証データに基づいて立証しようとした．これら三つの命題を組み合わせた政治体制を彼らは「カント的システム〔the Kantian system〕」と称している．この見通し自体は一定程度の根拠をもつものと言えるだろう．カント政治哲学を現代の国際関係論において生かす一つの代表例が，ここに見られるとも言えるだろう．

しかしながら同書においては，国際政治に関して見通しの甘い点が一つあった．それは，NATO の東方拡大をロシアにまで及ぼし，ロシアそのものをも NATO に加入させることで，「露中同盟〈Russia-China Alliance〉」を阻止すべきだ，という見通しである (Russett, Oneal, 2000: 285)．同書は NATO の東方拡大によるロシアの孤立化の危険性も同時に指摘しているだけに (Russett, Oneal, 2000: 284)，著作全体に流れるきわめて緻密な議論とこの見通しの甘さとの対照がなおいっそう際立つ．「ロシアが民主化と市場経済の形成において進歩をしつづけることができるとすれば，それ〔ロシア？ ロシアの民主化と市場経済化？〕なしには NATO 拡大は行われるべきではない．このこと〔の認識〕はロシアをカント的システムに取り込むという大きな戦略において重要な役割を果たすであろう」(Russett, Oneal, 2000: 284)．このようにきわめて修辞的で逆説的な表現で，ラセットとオニールはロシアをリベラルデモクラシー陣営に取り込むことの必要性（および困難性）を主張している．さらに，今後の可能性として，①ロシアの NATO 加盟，②ロシアの孤立化，③露中同盟，の三つを提起し，②，③の危険性に鑑みても①を選択せざるを得ない，というロジックが展開されている (Russett, Oneal, 2000: 285)．

この見通しそのものは一見したところ，おおむね妥当であったようにも見える．そして，ロシアを取り込むことに失敗した（というよりそれをはじめから拒んでいた）ために，NATO の東方拡大は失敗したのだという結論を，この見通しから導き出すことができるようにも思われる．

しかしながら，そもそもラセットとオニールの三つの見通しは，それ自体，不適切な前提に基づく誤った想定だったのではないか．このようにあえてここ

では問いたい.

　国際政治の現実についての十分な判断材料を, いま私は持ち合わせない. しかし, 軍事同盟の色合いの濃い NATO の拡大が平和につながるという, この見通しのもつ暗黙の前提は, それ自体疑う余地がなかったであろうか. カント研究の観点としては, NATO 拡大と「カント的システム」の拡大とを同次元に捉えているかのようなここでの議論にもおおいに違和感を覚える.

　この前提を疑うならば, ①から③の選択肢以外の選択肢もあり得たのではないか. このことは, 現在の国際政治情勢に対するラセットとオニールの見通しの一定の適格性とは独立に問われるべき問題である. リベラルデモクラシー陣営の拡大と NATO の拡大は軌を一にするものだろう. しかしそもそもそうした〈陣営〉の拡大, リベラルデモクラシー〈体制〉の世界中での普及は, 望ましいこと, あるいは可能なことであるだろうか. このことをあらためていま, 問い直さなければならない.

　この疑問に対し, 相対主義に陥ることなく一定の理想を堅持し, なおかつ現実主義的な懐疑を失わなかったのが, 最晩年のジョン・ロールズであった. 彼は 1999 年の著作 *The Law of Peoples* (Rawls, 1999) において, 本書冒頭で触れた政治的リベラリズムの思想に基づいて, 多元主義の時代の国際関係論を展開している. 同書において特徴的であるのは, 自由な社会 (liberal society) と礼節ある諸問階層制 (decent consultation hierarchy) とを国際社会の諸国家の二つのタイプと見, 後者において含意されていると思われる宗教権威主義的特徴を, それがリベラルデモクラシーと, そしてなにより〈陣営〉ではなく普遍的な合意形成のシステムとしての「政治的リベラリズム」に参加可能である限りにおいて, 容認するというモデルを提起していることである. これは多元主義に基づく穏健なリベラリズムとも言い換えることのできる立場であり, ラセットとオニールが想定するような, NATO 拡大をカント的システムの拡大と同列に並べるような粗雑な論理構造をもたない.

　この観点からロールズは, 「政治的統一体は, 自国領の拡張を追求してはならないし, 他国民を支配下に置くことを目指してはならない. 政治的統一体は, 物的人的資源を増大させるためであれ, あるいは陶酔的な支配欲を満たすためであれ, 自国を拡張することがあってはならない」というレイモン・アロ

ンの言葉を引用しつつ，国際関係を富と権力の追求の場とみなすトゥキディデス以来のリアリズムの見方に対置されるものとしてのリベラルデモクラシーの考え方を，①ペストや伝染病などの自然の災厄，運命や神意など不可避の原因などとは別に，政治社会制度をみずからの手で変化させ改善させうるという考え，②モンテスキューの（本書2-5の商業精神の文脈で言及した）「温和な習俗〔mœurs douces〕」，これら少なくとも二つの理念を結合したものであるという (Rawls, 1999: 46)．特に後者はロールズが商業平和論を受け入れていることを示すものだが，基本的な考え方としては先述のラセットとオニールの「カント的システム」と同様の内容である．

　だが詳細に見れば，これら①と②をどのように結合するかによって，各国の政治姿勢は大きく変化してくる．ラセットとオニールの「カント的システム」は，用心深くも，経済的依存関係を単独で平和構築の要素とは見なさなかった．彼らは，これにデモクラシーを加えてはじめて，平和構築の一要因としたのである．デモクラシーと国際機関は，ともに単独で平和構築の要素と見なされていたため，商業という要素がいかに慎重な扱いを要するかということが，彼らの定式化において示されている．これは端的に言えば，権威主義と称される諸国との経済関係の深化は，平和構築を促進する決め手とはならないだけでなく，むしろ逆効果ともなりうる，という洞察の表れであるとも言えそうである．

　一方，ロールズはもう少し穏健な立場をとっていた．「自由主義的な代議制民主主義のもとで暮らしている民主的な人びとは，他の人びとを国家宗教そのほかの支配的な包括的教義に改宗させようとはしない」(Rawls, 1999: 46)．このようにロールズは述べている．「包括的教義〔comprehensive doctrines〕」が宗教だけでなく，政治イデオロギーをも含むことは，ロールズ読者であれば誰でも知っていることである．そして注意深い読者であれば，ロールズが彼のそれ自身平等主義的な側面をもつ『正義論』の想定するリベラリズムを，それ自体包括的教義の一つと見なして，『政治的リベラリズム』においては多元主義の前提に立ち，一切の包括的教義の普遍化（押しつけ）を拒否し，多様な包括的教義間での公共的理性使用に基づく「重なり合う合意」を通じての共存をはかる，というビジョンを描いていたことも，熟知しているはずである．

　このような立場からは，いわゆる権威主義諸国との経済関係を忌避する見解

は導き出されないであろう．むしろ，体制間の相違を超えて，個人・非政府組織レベルで経済・文化交流を促進することで，あらゆる国々の間でまずは民間レベルの利害を共有し，さらにはそのための共通のルール作成・遵守にも尽力し，そうすることで，当事国間の関係悪化を防ぐべきであるという見解を，ロールズは共有するのではないか．そしてそれは，国内法，国際法にとどまらず，訪問権・友好権という限定された形で個人と他国（そして結果的には国境を越えた個人と個人）との関係を規制する法領域として世界市民法を提起したカントの意図にもかなうはずである．

　そもそもカントは，本書で明らかにしたように，少なくとも1780年代の歴史哲学論文においては，法のもとでの個人の幸福追求権を念頭に，これを実現するために，国内法と国際法は同次元で貢献をなすべきだと考えていた．この観点が，90年代以降のやや国家主義的（国際関係論における statism の意味での）傾向を帯びた，個人の権利擁護のための内政干渉すらも，国家主権のために否定するかのような論調にとって代わられたとしても，人格間の知性的関係に基づく法的諸関係（所有，契約，共同体）という論理構成，そしてそれに基づく植民地主義批判，あるいは，交易関係を通じての永遠平和の保証，という見通しそのものはいまなお有効でありうる．

2

　さて，本書の研究テーマにつながる問題意識はもう一つある．それは，本書がカント研究としては異例（あるいは異常？）であると思われるほどに，英独の政治経済思想史に言及していることと関連がある．それは，序論でも述べたように，イギリスの哲学と経済学に「商業平和論」と称すべき共通の思想傾向が見られるのに対し，ドイツにおいては，さまざまな形でこれに対抗する思想が見られ，しかもそれが〈一枚岩〉の様相を決して示してはいない，という思想史上の見方である．むろんこれは一般的な見方ではなく，むしろ私自身の仮説であり，本論を通じて検証されるべきテーゼである．

こうした問題意識からすれば，本書の扱った英独の思想は質的にも量的にも十分ではない．しかし，ここで扱った事例だけでも，ある程度の一般的結論は導き出されるのではないかと考える．

　この点において，スペンサーの商業平和論を〈商人哲学〉の名の下，軽蔑的に扱ったマックス・シェーラーは，この問題意識にとってきわめて象徴的な意味を持つ．研究の動機に関して言えば，シェーラーの扱いの困難さが，本書の隠れたテーマだとも言えるほどだ．本書でも適宜言及してきたが，私は2009年に博士論文をもとにした前著 *Verbindung freier Personen. Zum Begriff der Gemeinschaft bei Kant und Scheler* を出版しており，そこで十分に論じきれなかった点，研究指導や口頭試問で十分に答えられなかった点，もしかすると学位論文の問題設定や構成そのものにおいて失敗に終わってしまっているかもしれない点，などを当時以来の課題として今に受けついでおり，本書はその課題の一部を解決・解消しようとしている面がある．

　カントとシェーラーという対照的な哲学者をテーマとして併置する研究は，なくはない．しかしカント哲学をベースに，シェーラーを批判する，という論調が多いように思われる．これに対し私は，カントとシェーラーの共通点に目を向けようとした．これは前著のなかでは明記しなかったが，言葉に表すならば「アプリオリズム〔Apriorismus〕」と称すべき着想である．シェーラー自身が，カントを形式主義的アプリオリズム，自身の哲学を実質的アプリオリズムと位置づけたとも言えるのだが，そのシェーラーのカント形式主義批判を論駁したうえで，両者が同一の土俵の上に立つことを証明する，という着想が前著の根底にある．

　アプリオリズムとここで言うのは，一言で表すならば，経験に先立つ認識と実践の原理を探求する立場，となる．カントにおいては「ア・プリオリな総合判断」を可能にする直観形式やカテゴリー，あるいは統制的に使用される理性理念，などがその主要な内容である．当然のことながら，定言命法や本書で言及した法秩序もまたカント的「アプリオリズム」のなかに含まれる．一方，シェーラーにおいては価値認識のア・プリオリな構造がその主要な内容となる．快適価値，生命価値，精神価値，神聖価値という四つのア・プリオリな価値位階を設定し，それが歴史の中でどのように具現化され，その価値位階自体

の現象形態が変化していくか（たとえばギリシャの価値位階がいかに近代にお
いて「転倒」されたか）という問題をシェーラーは論じていた．このことに加
え，本書の内容との関連ではより重要なことだが，人格と物件との関連性につ
いても，シェーラーはカント的な普遍的人間性に基づく人格の尊厳に，唯一無
二の個人の価値を対置し，これを社会構造論（とりわけテンニエスの「ゲマイ
ンシャフトとゲゼルシャフト」論の，原始的共同体，封建的依存関係，市民的
自由社会，精神的連帯共同体，の四類型論への拡張）とも関連づけて，カント
の問題提起を受けて議論を深めようとしている．

　前著でこうしたテーマを扱ったことが，今回の研究の前提となっている．
ちょうど15年のタイムラグがあるが，さきほどいくつか挙げた課題の十分な
解決にはいまだ至っていない．ただ，今回少しばかり前進があったとすれば，
それは（カントとシェーラーについては一定程度，博士論文以降の公刊論文を
ベースにしているが）本書の考察の結果，カントの〈労働所有論批判／植民地
主義批判〉と，シェーラーの〈中欧の自給経済圏〉の構想とのあいだの，それ
ぞれの哲学的前提に由来する断絶を，フィヒテの閉鎖商業国家論が埋め合わせ
てくれるかもしれない，という見通しが得られたことである．くわえて興味深
いのは，本書でも言及したように，ともにカントの弟子といえるフィヒテと，
年長の外交官フリードリヒ・ゲンツが，前者の自由貿易批判，後者の自由貿易
擁護，という対照的な立場をそれぞれ表明し，しかも後者は前者を手厳しく批
判している，ということである．これにリストの〈限定的な保護貿易主義〉お
よび〈生産力を生み出す労働〉の経済政策・教育政策構想をあわせると，イギ
リス商業平和論とは対照的に到底一枚岩とは言えないものの，これを相対化し
また補完する，多様な視点が得られると考えられる．

　なぜこのような見通しを持つのか，あるいは持とうとするのか．それは，商
業平和論からデモクラシー平和論への細いながらも強力な経糸を，ドイツの歴
史のなかから生まれてきたさまざまな批判的見解という横糸と絡み合わせるこ
とで，現在から将来にかけての多様な経路と展望とが開かれてくるように思わ
れるからである．その際に，圧倒的な力を発揮すると思われるのは，カントの
法秩序論およびそれを具体的に展開した経済秩序論である．思想史的経緯から
見ても，カントが商業平和論を受け入れているのは明白であるが，それと同時

にカントは，この思想を制限つきでしか認めていない．つまり，理性の命令としての永遠平和の実現過程を補完する〈自然の意図〉という役割として，である．

本書で扱った商業平和論批判のいくつかのモチーフを組み合わせてみるだけでも，18，19世紀の商業平和論から20世紀のデモクラシー平和論へ，という単線の発展経路とは異なる経路を構想することが可能である．「政治は可能性の芸術だ」というビスマルクの言葉はしばしば引用されるが，リベラルデモクラシーを域外に普及させることに重きを置くあまり，旧時代の国家宗教と同様の望ましからざる包括的教義 (comprehensive doctrine) に，リベラルデモクラシー自身が陥ってはいないか．こうした疑問を抱くこと自体が懸念されるとすれば，それは政治の可能性を狭めるものでしかないだろう．

「温和な習俗」を形成するという，商業国家の元来の特徴を，リベラルデモクラシーの本質要素として取り戻すためにこそ，カントにおける法の下の自由という平和構築の論理に光を当てる意味があると思われるのである．

あ と が き

　2024年はカント生誕300年の記念の年であった．ドイツではカントの定言命法（格率の普遍化と人格の目的性）が基本法の中心理念（人間の尊厳の不可侵性）のひとつの重要な源泉として理解されており，その旨を，フランク＝ヴァルター・シュタインマイヤー大統領が記念式典で語っている（「すべての人間の尊厳が侵されないことを国民がみずからの意志で望むドイツ，それが私が望むドイツです．それは，300周年記念の年にイマヌエル・カントに捧げる最もふさわしい賛辞であり，また，75周年を迎える我が国への最も美しい賛辞でもあると私は思います．」/ „Kant war ein Vordenker unserer liberalen Verfassung“, Bundespräsidialamt, Die Rede im Internet, 19. April 2024）．この年のドイツにおけるカントに関するシンポジウム等については，日本でも順次紹介されることになるだろう．

　日本においても，日本カント協会主催により研究フォーラム「カントと21世紀の平和論」が開催され，私も研究発表者のひとりとして加わった．その際の発表原稿（同フォーラムの研究成果をまとめた論文集に掲載予定）および発表のための準備草稿が，本書の中心内容をなす．おもに第二次世界大戦後のアメリカの政治思想におけるカント哲学受容の特質を概観し，そこにみられる「デモクラシー平和論」という中心思想を，それと密接な関連をもち，カントと同時代の思潮でもある18，19世紀の「商業平和論」との関連において位置づけ，なおかつ，これらに対するカント哲学からのアプローチを明らかにするのが本書の主眼である．

　本書におけるカント解釈には，フォーラム参加準備の過程で今回新たに得た知見に加えて，（カント以外の，とりわけマックス・シェーラーに関するものも含めて）これまでの研究成果も含まれる．長文となった序論では，関連する先行研究についても触れたが，網羅的・体系的ではなく，冒頭記したように本書の考察は「試論」の域を出ない．本書では扱うことのできなかった（とりわけ国内の）先行研究，および十分に論じることができなかった論点については，

今後の研究課題としたい.

　今後の課題として取り組みたいいくつかの課題のなかでも，とりわけ，本書ではごくわずかに注において指摘したにとどまるが，カントにおける「自己矛盾による論証」という問題に取り組みたい．これは大きく，〈対他者関係の基盤との矛盾〉と〈自己の自然素質との矛盾〉とからなると考えられる．カントの定言命法とドイツ基本法に共通する「尊厳〔Würde〕」の精神を支えているのは，カントにおいては，本書で重点的に扱った〈法の下での自由の共存〉の構想であり，基本法においては，基本権の制約条件と解しうる「憲法秩序〔verfassungsmäßige Ordnung〕」である．これらは人格の尊厳または基本権の制度的基盤であると考えられるが，私見によれば，いずれにおいてもその論理構成の中核部分に見いだされる「自己矛盾」による論証が，（日本国憲法に見られる「公共の福祉」といった功利主義的概念とは対照的に）厳格な義務論的性格を与えている.

　こうした論点を，私は 2023 年に赴任した広島大学大学院人間社会科学研究科 / 教育学部の授業で，手探りしながら学生を前にして語っている．私の錯綜した話に付き合ってくれている学生のみなさんにまずは感謝したい．また，2024 年には広島大学においても「Philosophy of Peace in History: Kant in Hiroshima 2024」という名目で，カント政治哲学に関するワークショップを行った（広島大学応用倫理学プロジェクト研究センター主催）．講演者の Matthias Lutz-Bachmann 氏，Soraya Nour Sckell 氏，研究発表者の寺田俊郎氏，硲智樹氏，濱井潤也氏，および主催者代表の後藤弘志氏には，熱のこもった議論に参加していただいたことに感謝を申し上げたい．また，このワークショップのサポートに加え，大学院の授業で私の研究構想についての議論に参加してくれた，広島大学大学院人間社会科学研究科の大学院生，高亦揚さんと野呂航平さんに感謝したい.

　さらに，研究フォーラム「カントと 21 世紀の平和論」において研究発表を行った際，寺田俊郎氏，御子柴善之氏，小谷英生氏（発表司会），その他の方々よりたいへん貴重な助言をいただいた．この場をお借りして感謝を申し上げる.

　本書の出版にあたっては，晃洋書房編集部の井上芳郎さんに並々ならぬご配慮をいただいた．また，金木犀舎の方々には校正過程において懇切丁寧に作業

に当たっていただいた．あわせて感謝を申し上げる．

2025年1月　　　　　　　　　　　　　　　　　　桐原隆弘

参考文献

Kant, Immanuel. *Kritik der reinen Vernunft*, Felix Meiner Verlag, Hamburg, 1956.

Prolegomena zu einer jeden künftigen Metaphysik, die als Wissenschaft wird auftreten können, Akademie Ausgabe [AA] IV: 253-383.

„Idee zu einer allgemeinen Geschichte in weltbürgerlicher Absicht", AA VIII: 15-31.

„Beantwortung der Frage: Was ist Aufklärung?", AA VIII: 33-42.

Grundlegung zur Metaphysik der Sitten, AA IV: 385-463.

Kritik der praktischen Vernunft, AA V: 1-163.

Kritik der Urtheilskraft, AA V: 165-484.

„Über den Gemeinspruch: Das mag in der Theorie richtig sein, taugt aber nicht für die Praxis", AA VIII: 273-312.

Zum ewigen Frieden. Ein philosophischer Entwurf, AA VIII: 15-31.

Die Metaphysik der Sitten. Erster Theil. Metaphysiche Anfangsgründe der Rechtslehre, AA VI: 203-372.

Die Metaphysik der Sitten. Zweiter Theil. Metaphysiche Anfangsgründe der Tugendlehre, AA VI: 373-493.

„Über ein vermeintes Recht aus Menschenliebe zu lügen", AA VIII: 423-430.

Der Streit der Fakultäten, AA VII: 1-116.

Anthropologie in pragmatischer Hinsicht, AA VII: 117-333.

„Vorarbeiten zu Die Metaphysik der Sitten. Erster Teil Metaphysische Anfangsgründe der Rechtslehre", AA XXIII: 270-370.

The Philosophy of Kant: Immanuel Kant's Moral and Political Writings, Edited, with an Introduction by Carl Joachim Friedrich, Modern Library, New York 1949.

Toward Perpetual Peace and Other Writings on Politics, Peace, and History, Edited and with an Introduction by Pauline Kleingeld Translated by David L. Colclasure, Yale University Press, New Haven and London, 2006.

Metaphysische Anfangsgründe der Rechtslehre. Metaphysisk der Sitten Erster Teil, Herausgegeben von Bernd Ludwig, Felix Meiner Verlag, Hamburg, 2009.

Kant's Political Writings, Hans Reis (ed. & introduction and notes), Cambridge University Press, 2010 (Twenty-Second printing/First published 1970).

Kant/Gentz/Rehburg. *Theorie und Praxis. Einleitung von Dieter Henrich*, Suhrkamp, Frankfurt am Main, 1967.

Bentham, Jeremy. "Principles of International Law", in: Bowring, John (ed.). *The Works of Jeremy Bentham*, vol. 2, Simpkin, Marshall & Co., London, 1843, 972-1013.

Brandt, Reinhard. *Eigentumstheorien von Grotius bis Kant*, Friedrich Frommann Verlag/Günther Holzboog KG, Stuttgart-Bad Cannstatt, 1974.

Doyle, Michael W. "Kant, Liberal Legacies, and Foreign Affairs", in: *Philosophy & Public Affairs*, Vol. 12, No. 3, 1983, 205-235.

„Die Stimme der Völker", in: Höffe, Ottfried (Hrsg.). *Klassiker Auslegen. Immanuel Kant, Zum ewigen Frieden*, 2011, 157-173.

Fichte, Johann Gottlieb. *Der geschlossene Handelsstaat. Ein philosophischer Entwurf als Anhang zur Rechtslehre und Probe einer künftig zu liefernden Politik*, in: Fichte, J. H. (Hrsg.), *Fichte's sämmtliche Werke*, Dritter Band, Verlag von Veit und Comp, Berlin, 1845, 387-513.

Flikschuh, Katrin. *Kant and Modern Political Philosophy*, Cambridge University Press, 2000.

Flikschuh, Katrin/Ypi, Lea. *Kant and Colonialism: Historical and Critical Perspectives*, Oxford Univ Press, 2015.

Franke, Mark F. N. *Global Limits : Immanuel Kant, International Relations, and Critique of World Politics*, State University of New York Press, 2001.

Friedrich, Carl J. "The Ideology of the United Nations Charter and the Philosophy of Peace of Immanuel Kant 1795-1945", in: *The Journal of Politics*, Vol. 9, No. 1, 1947, 10-30.

Fukuyama, Fransis. *The End of History and the Last Man*, Penguin Books, 1992.

Gallie, W.B. "Kant on Perpetual Peace," in: Gallie, W.B., *Philosophers of Peace and War*, Cambridge University Press, 1978, 8-36.

Genz, Friedrich. „Über den ewigen Frieden", in: von Raumer, Kurt, *Ewiger Friede. Friedensrufe und Friedenspläne seit der Renaissance*, Verlag Karl Alber, Freiburg/München, 1953, 461-497.

Hont, Istvan. *Jealousy of Trade: International Competition and the Nation-State in Historical Perspective*, Harvard University Press, 2005.〔ホント，イシュトファン．『貿易の嫉妬：国際競争と国民国家の歴史的展望』（田中秀夫 監訳），昭和堂，2009 年〕

Hume, David. "Of Commerce", in: Hume, David. *Selected Essays*, Oxford University Press, 1993[1], 154-166.

　　"Of Public Credit", in: Hume, David. *Selected Essays*, Oxford University Press, 1993[2], 203-216.

　　"Of the Jealousy of Trade", in: *Hume's Political Discourses*. With an Introduction by William Bell Robertson, The Walter Scott Publishing Co., LTD, London, 1906, 67-70.

　　Vermischte Schriften über die Handlung, die Manufacturen und die andern Quellen des Reichthums und der Macht eines Staats, Georg Christian Grund und Adam Heinrich Holle, Hamburg und Leibzig, 1754.

Kaempfer, Engelbert. *Geschichte und Beschreibung von Japan*, Aus den Originalhandschriften des Verfassers, herausgegeben von Christian Wilhelm Dohm, 1779.

　　The History of Japan. Together with a Description of the Kingdom of Siam, Volume III, The Macmillan Company, New York, 1906.

Kersting, Wolfgang. *Wohlgeordnete Freiheit. Immanuel Kants Rechts- und Staatsphilosophie*, Walter de Gruyter, Berlin/New York, 1984.〔ケアスティング，ヴォルフガング．『自由の秩序：カントの法および国家の哲学』（舟場保之／寺田俊郎／御子柴善之／小野原雅夫／石田京子／桐原隆弘 訳），ミネルヴァ書房，2013 年〕

Kirihara, Takahiro. *Verbindung freier Personen. Zum Begriff der Gemeinschaft bei Kant und Scheler*, Verlag Königshausen & Neumann, Würzburg, 2009.

List, Friedrich. *Der internationale Handel, die Handelspolitik und der deutsche Zollverein*, Das Nationale System der Politischen Oekonomie, Erster Band, J. G. Cotta'scher Verlag, Stuttgart und Tübingen, 1844.

Lutz-Bachmann, Matthias. "The threat of violence and of new military force as a challenge to international public law", in Lukas, H. Meyer (ed.). *Legitimacy, Justice and Public International Law*, Cambridge University Press, 2009, 252-269.

Lynch, Cecelia. "Kant, the Republican Peace, and Moral Guidance in International Law", in: *Ethics & International Affairs*, vol. 8, 1994, 39-58.

Nakhimovsky, Isaac. *The Closed Commercial State: Perpetual Peace and Commercial Society from Rousseau to Fichte*, Princeton Univ Press, 2011.

Niesen, Peter. "Colonialism and Hospitality," in: *Politics and Ethics Review*, 3(1), 2007, 90–108.

Pogge, Thomas W. "Is Kant's *Rechtslehre* a 'Comprehensive Liberalism'?", in: Timmons, Mark (ed.). *Kant's Metaphysics of Morals: Interpretative Essays*, Oxford University Press, 2000, 133-158.

Rawls, John. *The Law of Peoples: With "The Idea of Public Reason Revisited"*, Harvard University Press, 2001.

Russett, Bruce/Layne, Christopher/Spiro, David E./Doyle, Michael W. "The Democratic Peace", in: *International Security*, Vol. 19, No. 4, 1995, 164-184.

Russett, Bruce/Oneal, John R. *Triangulating Peace: Democracy, Interdependence, and International Organizations*, W W Norton & Co Inc, New York/London, 2001.

Scheler, Max. *Der Genius des Krieges und der Deutsche Krieg*, in: Scheler, Max. *Politisch-pädagogische Schriften*, Gesammelte Werke Bd. 4, A. Francke AG Verlag, Bern, 1982.

Smith, Adam. *The Wealth of Nations*, Bantam Classic, New York, 2003.

Spencer, Herbert. *The Principles of Ethics*, Vol I, D. Appleton and Company, New York, 1896.

　The Principles of Sociology, in Vol II, D. Appleton and Company, New York 1898.

Tesón, Fernando. "Kantian Theory of International Law", in: *Columbia Law Review*, Vol. 92, No. 1, 1992, 53-102.

Ypi, Lea. "Commerce and Colonialism in Kant's Philosophy of History", in: Flikschuh, Katrin/Ypi, Lea. *Kant and Colonialism: Historical and Critical Perspectives*, Oxford Univ Press, 2015, 99-126.

アレント，ハンナ．『人間の条件』（志水速雄 訳），ちくま学芸文庫，1994年．

ヒューム．『市民の国について（下）』（小松茂夫 訳），岩波文庫，1982年．

プラトン．『国家（上)』（藤沢令夫 訳），岩波文庫，2008年．

ペイン，トマス．『人間の権利』（西川正身 訳），岩波文庫，1971年．

モンテスキュー．『世界の大思想　モンテスキュー　法の精神』（根岸国孝 訳），河出書房，1966年．

ルッツ＝バッハマン，マティアス．『倫理学基礎講座』（桐原隆弘 訳），晃洋書房，2018年．

桐原隆弘．「ヨーロッパ文化の「再建」と諸文化の「調和」：マックス・シェーラーにおける転換点としての「ドイツ戦争」(1)」，『ぷらくしす』2009年度号，広島大学応用倫理学プロジェクト研究センター編，41-58，2010年．

　「ロールズとハーバーマス：民主主義の普遍妥当性をめぐる論争」，『下関市立大学論集』57巻1号，1-26，2013年．

　「目的論と技術的合理性：F・G・ユンガー『技術の完成』におけるカント解釈を手がかりとして」，『下関市立大学論集』57巻3号，69-92，2014年．

　「カントにおける「可想的性格」の概念と法の規範性（下）」，『下関市立大学論集』58巻3号，55-70，2015年．

　「カントにおける「判断」論と学の基礎づけ（下）」，『下関市立大学論集』59巻2号，58-89，2015年．

　「「法の支配」と「人の支配」：カントにおける「法則」理解とその批判を手掛かりに（上）」『下関市立大学論集』65巻1号，47-59，2021年．

人名索引

ア 行

アーレント，ハンナ　79, 139
アリストテレス　74
アロン，レイモン　132
イピ，レア　20
ウィルソン，ウッドロー　48
ウォルツァー，マイケル　61
ヴォルテール　79
オニール，ジョン　130-133

カ 行

クラインゲルト，パウリーネ　38
クルーク，W・T　88
ケアスティング，ヴォルフガング　22-25, 139
ケインズ，ジョン・メイナード　19
ゲンツ，フリードリヒ　8, 19, 53, 88-94, 136
ケンペル，エンゲルベルト　5, 25-27, 87

サ 行

シェーラー，マックス　6, 7, 19, 27, 102-104, 108, 135-136
シュタインマイヤー，フランク＝ヴァルター　139
シュンペーター，ヨーゼフ　27
ショーペンハウアー，アルトゥール　93, 118
スペンサー，ハーバート　7, 25, 99-102, 105, 108, 130, 135
スミス，アダム　7, 18-19, 25, 94-98, 103
セー，J・B　97

タ 行

ダーウィン，チャールズ・ロバート　102, 103
テソン，フェルナンド　8, 53-61, 69
テンニエス，フェルディナント　136
ドイル，W・マイケル　7-8, 22, 27, 44-52, 56, 69, 130-131
トゥキディデス　27, 133

ナ 行

ナヒモフスキー，アイザック　19-20
ニーゼン，ペーター　27
ニーチェ，フリードリヒ　103

ハ 行

ハーバーマス，ユルゲン　2, 22, 78
ビスマルク，オットー・フォン　137
ヒューム，デイヴィッド　7, 18-19, 25, 82, 84-86, 90, 94, 99, 103-104, 108
フィヒテ，ヨハン・ゴットリープ　5, 7-8, 19-20, 26-27, 53, 85, 88-90, 93, 97-98, 105, 108, 136
ブキャナン，アレン　61
フクヤマ，フランシス　2, 25, 130
プラトン　52-53, 92, 105
フランケ，マーク・F・N　58-59
ブラント，ラインハルト　22-23
フリードリヒ，カール・ヨアヒム　8, 40-46, 51, 59
フリクシュー，カトリン　20-21
ペイン，トマス　52-53
ヘーゲル，ゲオルク・ヴィルヘルム　118
ベンサム，ジェレミ　7, 25, 79, 82-84
ヘンリッヒ，ディーター　60
ポッジ，W・トーマス　28
ホッブズ，トーマス　20, 57, 70, 89
ホント，イシュトファン　18-19

マ 行

マルサス，トマス・ロバート　102
ミル，ジョン・スチュアート　2, 28
メーン，ヘンリー　105
メッテルニヒ，クレメンス・フォン　8
モンテスキュー，シャルル＝ルイ・ド　52-53

ラ 行

ライス，ハンス　32
ラセット，ブルース　130-133

リスト , フリードリヒ　　7, 18-19, 84, 97-99, 136

リンチ , シシリア　　59

ルートヴィヒ , ベルント　　118, 126-127

ルソー , ジャン＝ジャック　　2, 20, 27, 55, 79

ルッツ＝バッハマン , マティアス　　61

ロー , ジョン　　87

ロールズ , ジョン　　2, 21-22, 28, 54, 132-134

ロック , ジョン　　2, 22, 55, 57, 108, 116, 120-121, 124, 126

事項索引

〈陣営〉イデオロギー　2-3, 7-9, 18, 21, 112
1914年の理念　27, 108
ABS　124
NATO　131-132

ア　行

圧政　55, 57
アプリオリズム　135
イギリス　4, 6-7, 19, 74-75, 78, 85, 87, 96,
　　102, 104, 108, 130, 134
意志
　一方的　23-24, 27, 111, 117-118, 123, 125
　共同の　117, 119, 122
　相互的　23-24, 111, 117, 125
　全面的　23-24, 27, 111, 117, 125
　統合された　23-25, 60, 116-117, 125
因果性　10, 14, 16, 54, 72, 75, 99, 111, 125-126
ウィーン体制　8
永遠平和　6, 19, 21, 25, 32, 37, 40, 49, 53, 59-60,
　　73, 76-78, 83, 85, 88, 90, 98, 105, 134, 137
　の保証　20, 31, 35, 45-46, 72, 89
演繹　110, 112, 114-115, 120, 124-126
　超越論的　111, 120
オーストリア　8
穏健なリベラリズム　93, 133
温和な習俗　52, 133, 137

カ　行

開国　87
悔恨　16, 27
外的表徴　118
快楽主義　6
学術交流　87, 104-105
革命権　→抵抗権
格率　9, 11, 124
重なり合う合意　2, 133
可想的・コミュニケーション的関係性　112, 121,
　　123
可想的対象　14

価値位階　135
価値の転倒　103, 136
貨幣　87, 105, 116
　金属貨幣　82, 87, 89
　国内貨幣　87-89
　信用貨幣　82, 87
　世界貨幣　87, 89
貨幣権力　74-76
感性界　14-15, 124
カント的システム　131-133
観念論哲学　7
管理通貨制度　87-88
気概（テュモス）　92, 105
機会均等　12, 45, 48, 54
帰責　15-16, 27-28
偽善　102
規範規制的行為　66
規範的個人主義　54
球面性　4, 110, 116, 125
強制　11, 13, 43, 47, 60, 64-65, 67, 72, 79, 93,
　　100-101, 112, 121
強制法則　12, 46
共同体　12, 23, 28, 60, 69, 88-89, 92, 101-102, 110-
　　112, 117, 123, 126, 136
共和制　2, 5, 25, 41, 49-50, 56, 60, 69, 77, 130
許容法則　6
ギリシャ　82, 136
キリスト教　6
金兌換停止　87
金融・通貨統制　87
軍事国家　85
軍事的タイプの社会／産業的タイプの社会
　　99-101
傾向性　6, 27-28, 35, 47, 49, 74-75, 79, 91-92
経済学
　国民経済学　19
　政治経済学と世界政治経済学　18-19,
　　97-98, 105
　歴史主義経済学　97

経済秩序　　71, 98, 108, 123, 136
啓蒙　　18, 20, 49, 64, 79, 99
契約　　111-112, 122-123, 125, 134
　　社会契約　　18, 55-56, 60, 102, 108
　　契約所有論　　22-24, 117
権威主義　　2, 132-133
権利　　4, 12, 17, 28, 41, 45, 48, 51, 53, 55, 57, 70
　　内的・生得的権利／外的・獲得的権利
　　　　109-110, 115, 121
権力への意志　　103
交易の均衡　　86-87
交換価値の理論／生産力の理論　　97-98
公共的理性使用　　133
厚情　　78
交戦権　　87
公的組織と私的組織　　100
公的信用　　82
幸福　　11-12, 54-55, 60, 67, 70, 78, 83, 101
幸福原理／道徳原理　　65, 67-69
幸福追求権　　10, 12, 17, 36-38, 54-56, 71,
　　　　123, 134
　　思想信条の自由／経済活動の自由　　2,
　　　　10, 17, 36, 38, 123
公民的状態　　12, 27, 91-92
公民的政体　　12-13, 60, 91
功利主義　　68, 78, 83, 102-104
合理的エゴイズム　　53
講和権　　87
国益　　54
国際関係論　　3, 21, 25, 42, 58, 89, 131-132, 134
国際法　　4-5, 11, 37, 46-47, 50-51, 53-55, 57,
　　　　59-61, 67, 72, 83, 88-89, 92, 105, 134
国際連合（国連）　　8-9, 41, 44, 51
国際連合憲章　　40-41, 44, 51, 59, 69
国内法　　4-5, 11, 37, 47, 50, 55, 57, 67, 72, 134
国連中心主義　　8
個人の権利　　9, 41, 51-53, 59-60, 100, 123, 134
個人の自由　　2, 45, 48, 50, 54-55, 57, 59, 68
悟性界　　124
国家公民　　5, 12-13, 60, 77, 104
国家債務（国債）　　36-37, 76-78, 82, 87, 104
国家社会主義　　86

国家主義　　3, 7, 54, 57, 134
国家政体　　36-37
　　完全な国家政体　　32, 35-38, 50
誤謬推理　　14, 27
コミュニケーション的行為　　66, 84
コミュニケーションの権利　　27
根原的共同体　　102
根原的契約　　60
根原的権利　　110, 124
根原的取得　　116-117, 120, 127
根原的素質　　31, 37

サ 行

鎖国　　4-6, 25-27
作用と反作用の相同性　　71, 79
産業社会　　100
産業主義　　100-101
産業的組織　　100-101
ジェズイット主義　　119
自給　　26, 102, 108, 136
自己活動性　　15
自己権限付与　　60-61
自己認識　　14-15
自己法則性　　14
自己保存　　47, 64
自己立法
　　共同の　　12-13, 23, 50, 56
市場経済　　19-20, 49, 131
自然状態　　22, 27, 55, 91-92
自然素質　　32-33, 35, 37, 64-65
自然的境界　　25-26
自然的目的　　67
自然の意図　　17, 20, 31, 33, 35, 78, 137
自然の機構　　46-47, 72-73
自然の計画　　32
自然法則　　14, 30, 34-35, 47, 64, 66, 70, 79,
　　　　124-125
自然目的論　　17, 20, 34, 72-73, 75, 85
自足性　　19, 26, 93, 100, 102, 108
執行権　　50, 56, 77, 93
実在性
　　客観的　　55, 68, 70, 126

実践的　27, 60, 115
私的財産権　5, 13, 45, 48, 100, 104
私的な態度と公的な振舞い　46-47, 64-65
自発性　10
自分自身の主　110, 121
司法権　56
資本主義　6
市民　12-13, 36-38, 45, 51, 55-58, 100
市民的結合　119
市民的不服従　55-58
市民的立憲政体　40, 50
諸問階層制　132
社会秩序　20, 48
自由
　意志の　9-11
　帰責能力としての　14-16
　行為の　9, 11-14, 28
　実践的　9
　市民的　2-3, 7, 9-10, 17, 28, 36-37, 123
　消極的　10-11, 45, 48, 50, 54-55, 70
　積極的　11, 45, 50, 54-55, 70
　超越論的　9-10
　法則的　13
　筆の　56
自由意志に対する自然の作用による補完　73
自由主義（リベラリズム）　2-3, 18-19, 21-22,
　44-45, 48-49, 57, 59, 61, 102, 104, 112, 123,
　133
　自由主義的政治体制（自由主義的政体）
　　48-49, 51
重商主義　85
自由と自然との架橋　42-43
自由な社会　44, 132
自由な諸国の連邦体制　41
自由の共存（法の下での自由の共存）
　　6, 10-11, 17, 54, 56-57, 69-71, 123
自由貿易　18-19, 83-84, 95-98, 108, 136
主権　3, 19, 41, 54, 60-61, 134
商業国家　84-85, 137
商業精神　5-6, 21, 52-53, 74, 76, 85, 130, 133
商業統制　86
商業平和論　3, 7-9, 18, 20, 27, 85, 102, 130,

　133, 137
商業民族　5-6, 76, 78
情動論理　65
商人哲学　108, 135
植民地支配（植民地主義）　71-72, 83, 85, 108,
　119, 123-124, 134, 136
諸国民連合　91
所持　110, 112, 114-115, 125, 127
所有　99-100
　所有権　6, 22-25, 27, 108, 111, 124-127, 136
　所有個人主義　126
自律　2, 9, 11, 40, 45, 54-56, 79, 124-125
自立　12-13, 26, 48
人格　9, 16, 23-25, 27-28, 40, 54-55, 70, 102, 110,
　116, 118, 121, 123-124, 126, 134, 136
人格間, 人格・物件間のア・プリオリな関係性
　112
人格目的性の定式
進化論　103-104
新カント派　8
人権　41, 53-54, 57
信仰 / 信念　31, 35-36, 47, 72-73
人材育成　97
人道的介入　53, 57-58, 60
親密圏　79
臣民　12-13, 56, 60, 77
信用制度　76
信頼　67, 84, 91, 112
スコットランド啓蒙　20
図式論　125-126
スパルタ　84
性格　14
　可想的性格／経験的性格　14, 16
正義原則　54
政治的リベラリズム　2, 21, 132
生存闘争　103
静的歴史把握と動的歴史把握　102-104
生の存立構造　10
政府　86, 100
勢力均衡　19, 93
勢力範囲　114-116, 119, 126-127
世界市民主義　98

世界市民状態　25
世界市民的意図　31
世界市民法　6-7, 26, 37, 40-41, 47, 51, 72, 78, 134
世界的専制体制　89-90, 105
世界連邦　41
世襲特権　12
摂理　72, 75
占拠　123
専制　48, 57, 60, 79, 89-90, 105
先占　6, 22, 24, 117, 121
戦争　5, 27, 36-37, 42-43, 48, 51-52, 59, 72, 78-79,
　　82, 84-86, 89, 94-95, 99-100, 102-103, 105,
　　108, 130
　　戦争の形而上学　93
　　戦争をめぐる文化人類学的理論　92
選択意志　15, 23-24, 28, 109, 115, 117, 121-122,
　　125, 127
全面性　5-6, 27
占有　23, 109-127
占有行為の外的表徴　118
戦略的行為　66
相互性　5-6, 13, 27, 111, 117, 123, 125
属領　83
尊厳　28, 55, 91, 105, 136
　　尊厳と価格　105

タ　行

代議制　48, 50, 100, 133
第三アンチノミー　10, 14-15
多元主義　132-133
他律　6, 11
知性的関係
　　23, 110-112, 115, 121, 123, 125-126, 134
中欧の自給経済圏　108, 136
定言命法　42, 45, 48, 54-55, 65, 70, 125, 135
抵抗権　3, 55, 57, 60, 69-70
敵愾心　84
　　貿易の敵愾心　18-20, 84, 94, 96, 98
敵対状態　4, 31, 47, 64-65, 90, 94-95, 99, 105
手続的正義　2, 21
デモクラシー平和論　7, 9, 18, 43-44, 61, 130,
　　136-137

統覚　14-15
討議倫理　2
道具的行為　66
同時に義務である目的　54
統制的原理　73, 135
同等性　11-13
道徳　11, 55, 59, 64-65, 67-68, 70, 76
道徳性　20, 46-47
徳（徳論）　52, 54, 67, 84, 91-92, 102, 124, 126
独裁　27, 43, 50, 77
独立性　9-11, 109-110, 116, 124

ナ　行

内政不干渉　41, 57, 60
内的自然　35, 76, 78, 85
長崎貿易　5
ニュートン力学　30
人間性　32-33, 35, 37, 70, 90, 99, 110, 136
人間的自然　75-76, 89, 94

ハ　行

バーゼル条約　8, 38
配分的正義　6, 24
破壊欲　31, 33, 35
パターナリズム　12, 69-71, 79
発見法的原理　73
バンク・ジェネラル銀行券　87
判断力
　　反省的　34, 38
　　目的論的　40, 72
反リベラリズム　7
非社交的社交性　31, 33, 64, 71-72, 91
非自由主義体制　44, 49, 59
必然性　14, 30, 72
平等　41, 55, 101, 133
　　法の下の　45, 48-49
不換紙幣　87-88
複数性　110, 116, 125
父権的統治　12
物件　16, 22, 27-28, 111-114, 120-121, 123-124
物権　24-25, 114
物件の人格化　120

武勇　108

プライバシー　67

フランス革命　60

プロイセン　8, 34, 38, 60, 69, 87

閉鎖商業国家　5, 8, 19-20, 26, 85, 94, 97-98, 136

平和と商業の状態　95

平和連合　49-51

平和を愛好する国　41, 44

法／権利（権利／法）　9, 45, 48, 56, 126
　外的法／権利と内的法／権利　115

貿易　5, 37-38, 51, 53, 71-72, 83, 88-90, 93-94, 96-98, 100-101, 136

貿易権　87

貿易統制　72, 87-88, 94

包括的教義　2, 21, 28, 133, 137

法則　9, 11-14, 16, 30-31, 33-35, 47, 55, 60, 65, 69, 70, 79, 124-125
　道徳法則　11, 28, 55, 65, 68, 79, 92, 124-125
　法の法則　56, 68, 70, 115
　実践の内在的論理としての　66

法の支配　46, 61, 69

法の下での自由の共存　10-12, 57, 71

法の下の自由　13, 17, 43, 137

法の理念　46-47

法命題
　ア・プリオリな総合的法命題　113-114
　分析的法命題　114

訪問権　4-6, 26-27, 40-41, 51, 71, 134

保護関税　95, 97, 105

保護関税　97-98, 105

保護貿易　98, 108, 136

保存の原理と破壊の原理　93

マ　行

ミシシッピ開発会社　87

身分から契約へ　101, 105

無矛盾性　60

名目説明（名目定義）／事象説明（実在定義）　112-113, 126

持つこと　110, 115-116

ヤ　行

唯物論　6, 98

勇敢さ　91-92

友好権　4-6, 26-27, 40-41, 51, 71-72, 134

有体物　23, 117, 121

欲求　6, 17, 21, 91, 105, 124

ラ　行

リアリズム　21, 89, 130, 133

リアルポリティクス　93

利害関心　53, 64-65, 68, 71, 96

利己心　28, 64, 68, 71, 73-74, 78, 92

利己的な傾向性　47, 91

理性　6, 12, 14-16, 21, 35, 47, 56, 71-72, 77-78, 115

理性的存在者　27-28, 46, 67

理性の事実　125

理性法　64-66, 69

理知（ロゴス）　105

立憲主義　56

立法権　50, 56, 77

リベラルデモクラシー　2, 25, 42, 60, 69, 130, 133

リベラル平和論　52

良心　16, 26, 45, 70, 79

隣国貧困化政策　136

労働　99, 111, 118, 124
　有用価値・商品価値を生産する労働／生産力を生み出す労働　97, 136

労働所有論　22, 108, 111-112, 118, 121, 123-124, 136

露中同盟　131

論証
　体系的・形而上学的論証／歴史哲学的・発生論的論証　17

論争的な概念　32, 98

《著者紹介》

桐原　隆弘（きりはら　たかひろ）

1970 年生まれ．
フランクフルト大学哲学歴史学部博士課程修了．倫理学専攻．広島大学大学院人間社会科学研究科教授．博士（哲学）．

主要業績

・『倫理学基礎講座』（マティアス・ルッツ＝バッハマン著，桐原訳，晃洋書房，2018 年）
・Verbindung freier Personen. Zum Begriff der Gemeinschaft bei Kant und Scheler（Verlag Königshausen & Neumann，2009 年），他．

カントにおける〈法〉中心の自由論
商業平和論／デモクラシー平和論へのアプローチ

2025 年 3 月 20 日　初版第 1 刷発行	＊定価はカバーに	
2025 年 4 月 25 日　初版第 2 刷発行	表示してあります	

著　者　桐　原　隆　弘 ©

発行者　萩　原　淳　平

印刷者　藤　森　英　夫

発行所　株式会社　晃　洋　書　房

〒 615-0026　京都市右京区西院北矢掛町 7 番地
電　話　075-(312)-0788 番㈹
振 替 口 座　01040-6-32280

装丁　永田洋子　　　　　組版　（株）金木犀舎
印刷・製本　亜細亜印刷（株）

ISBN978-4-7710-3918-6

JCOPY 〈（社）出版者著作権管理機構委託出版物〉
本書の無断複写は著作権法上での例外を除き禁じられています．
複写される場合は，そのつど事前に，（社）出版者著作権管理機構
（電話 03-5244-5088，FAX 03-5244-5089，e-mail: info@jcopy.or.jp）
の許諾を得てください．